MW01331324

Impressum:
Uwe Seibert
Hülstener Str. 74
48249 Dülmen
Germany

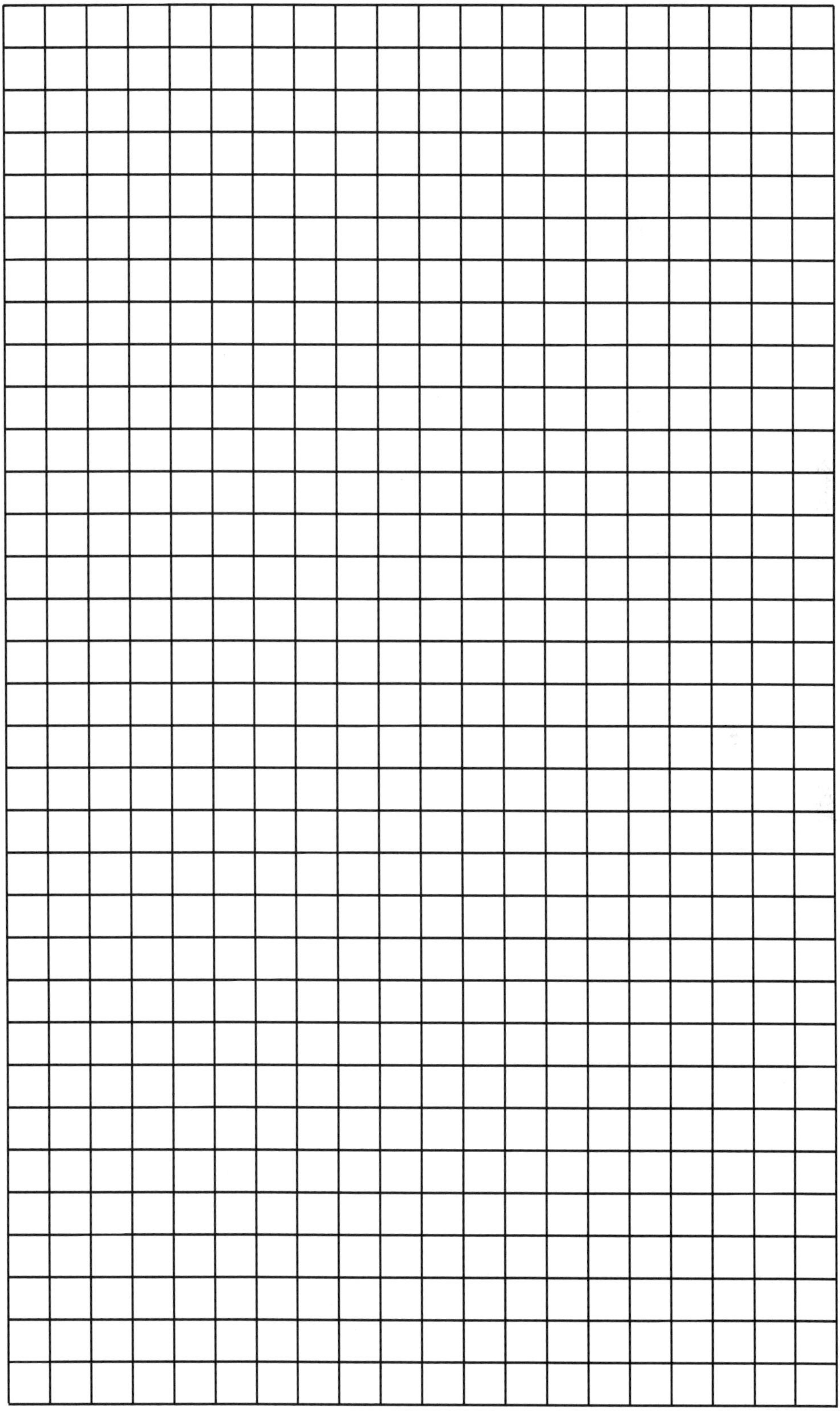

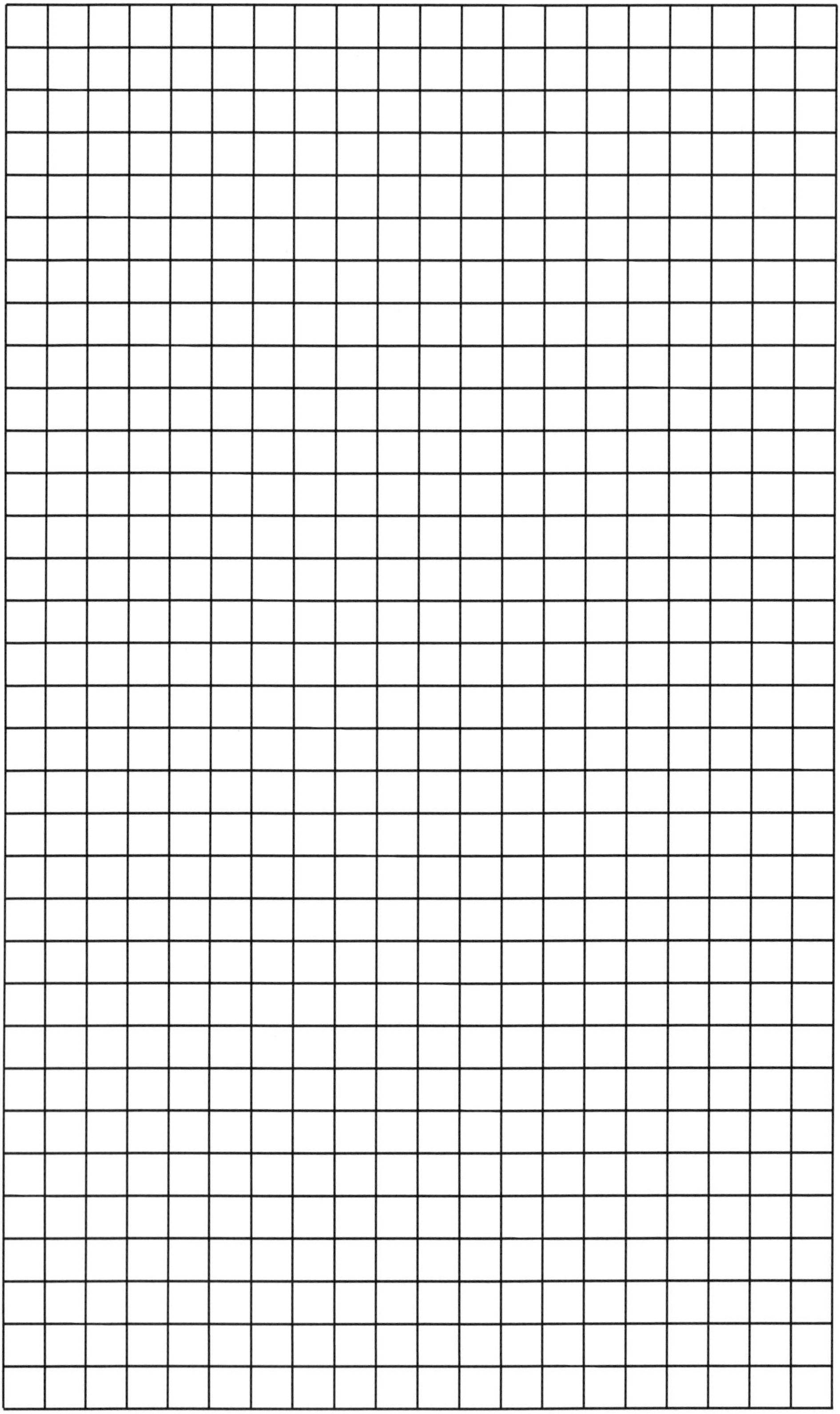

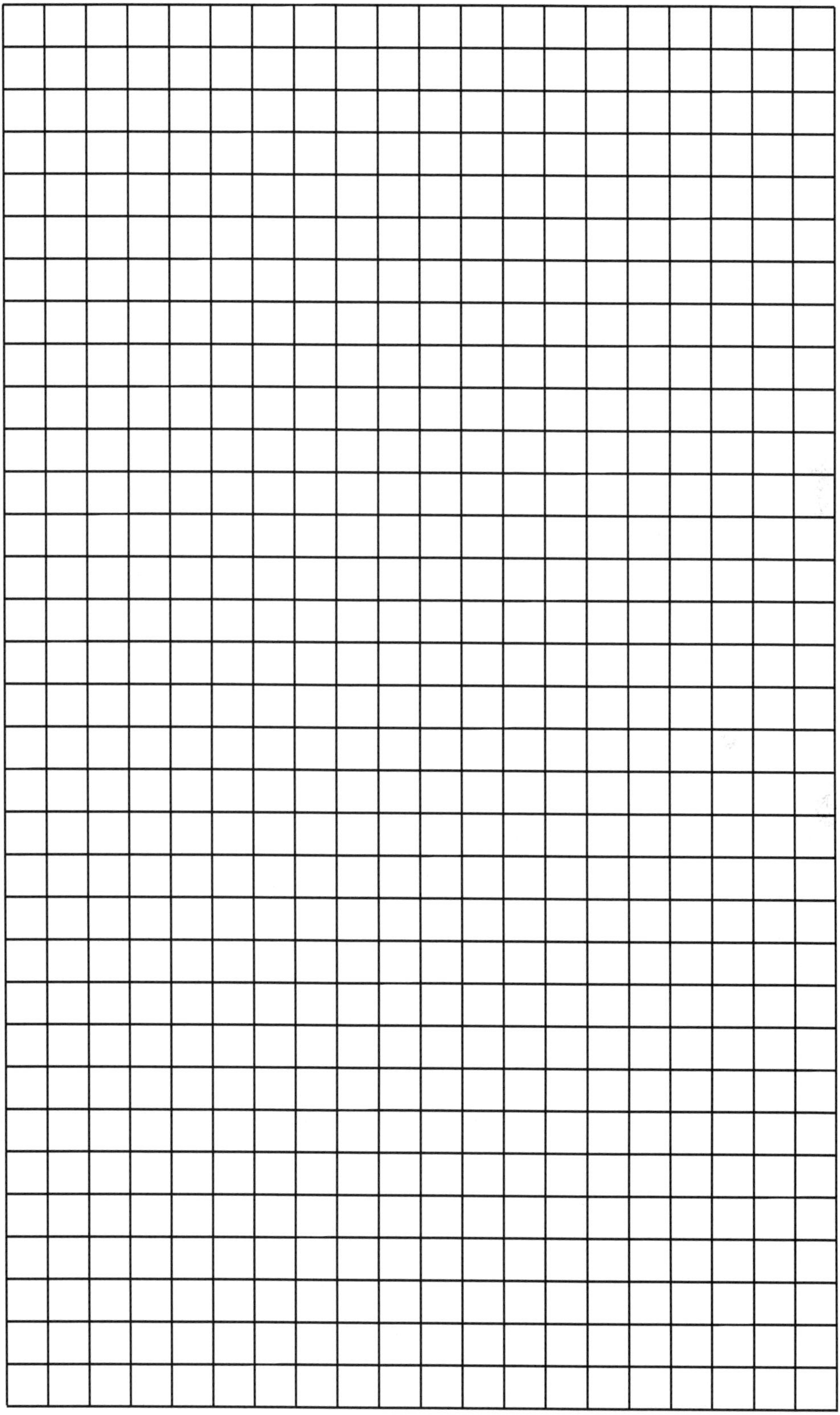

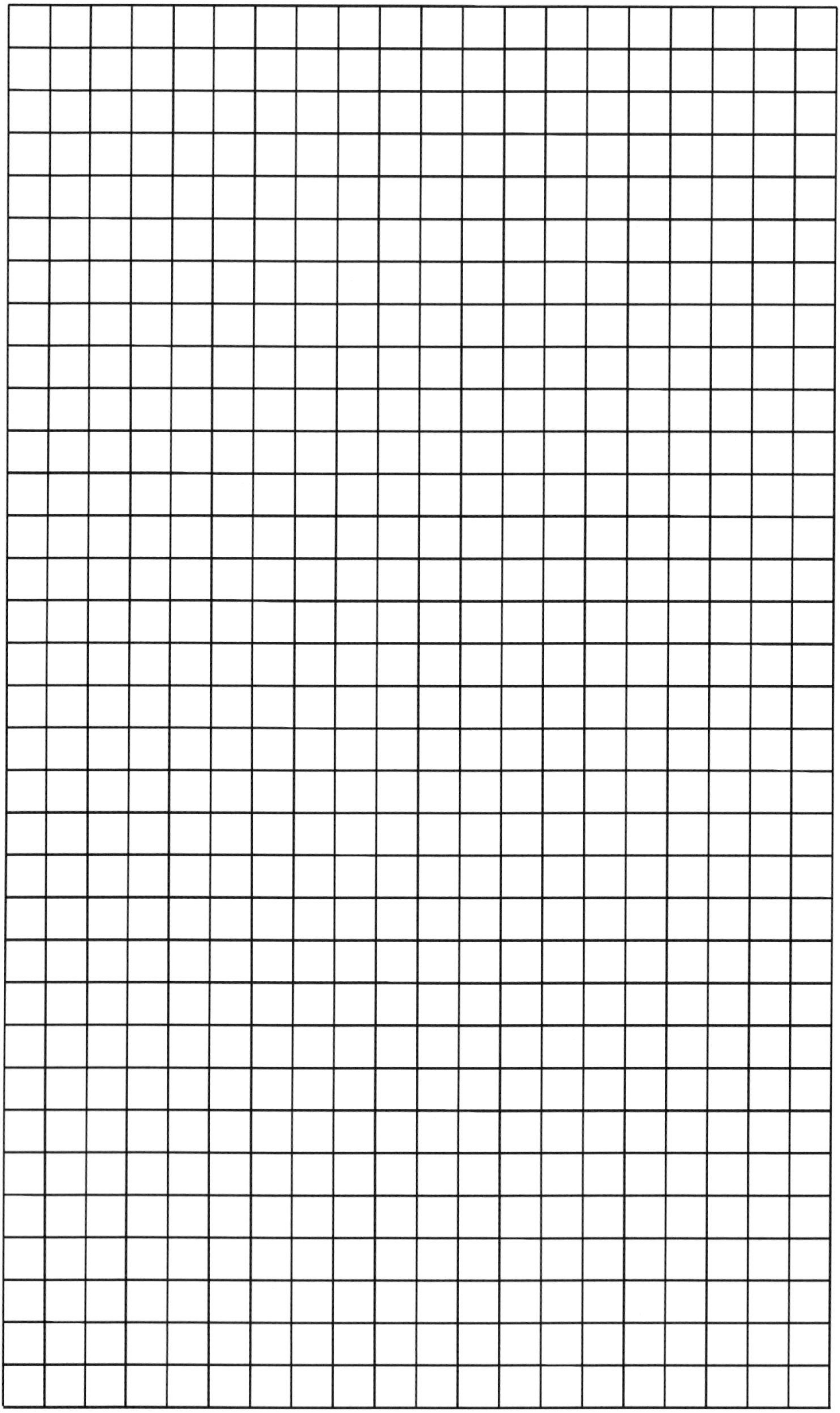

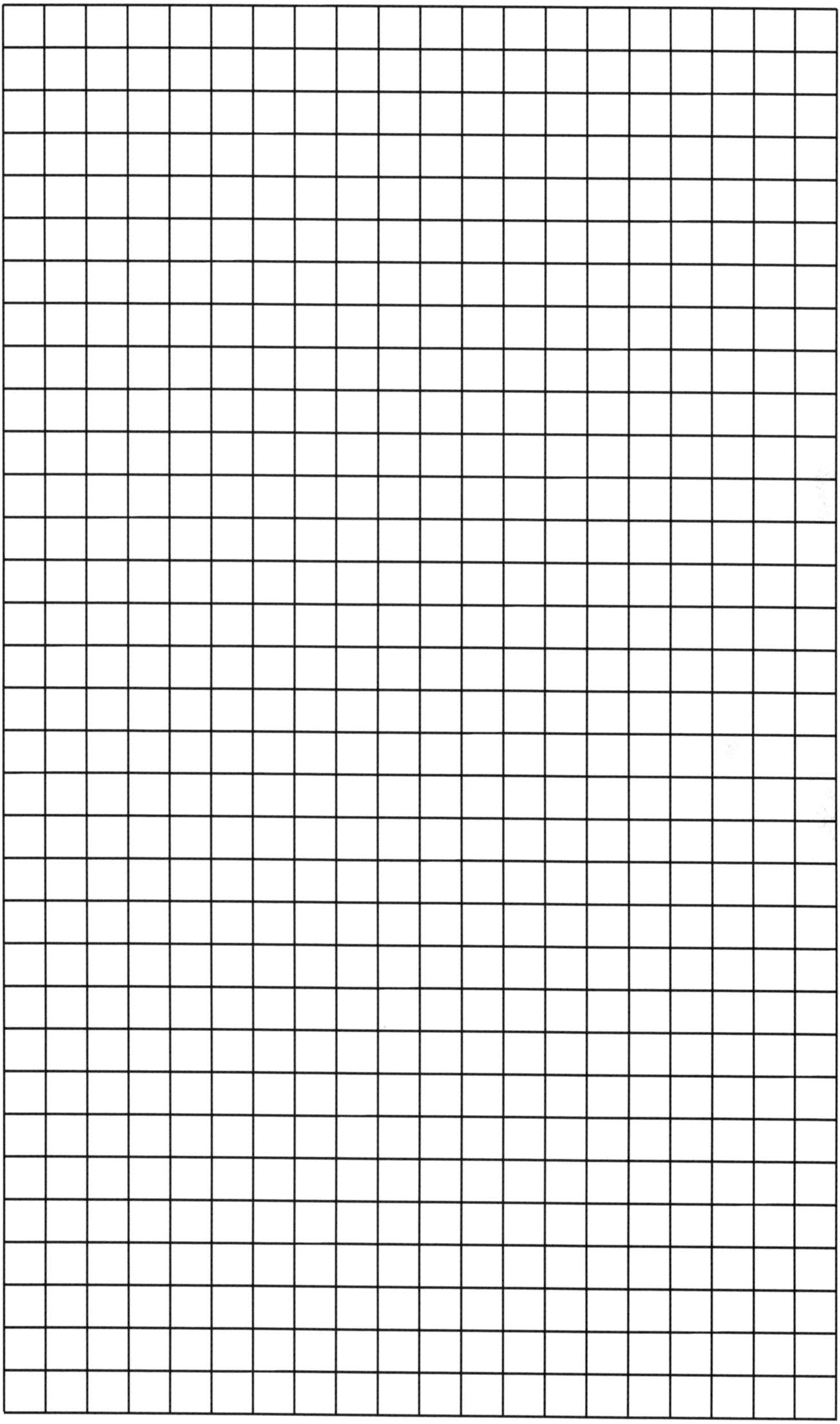

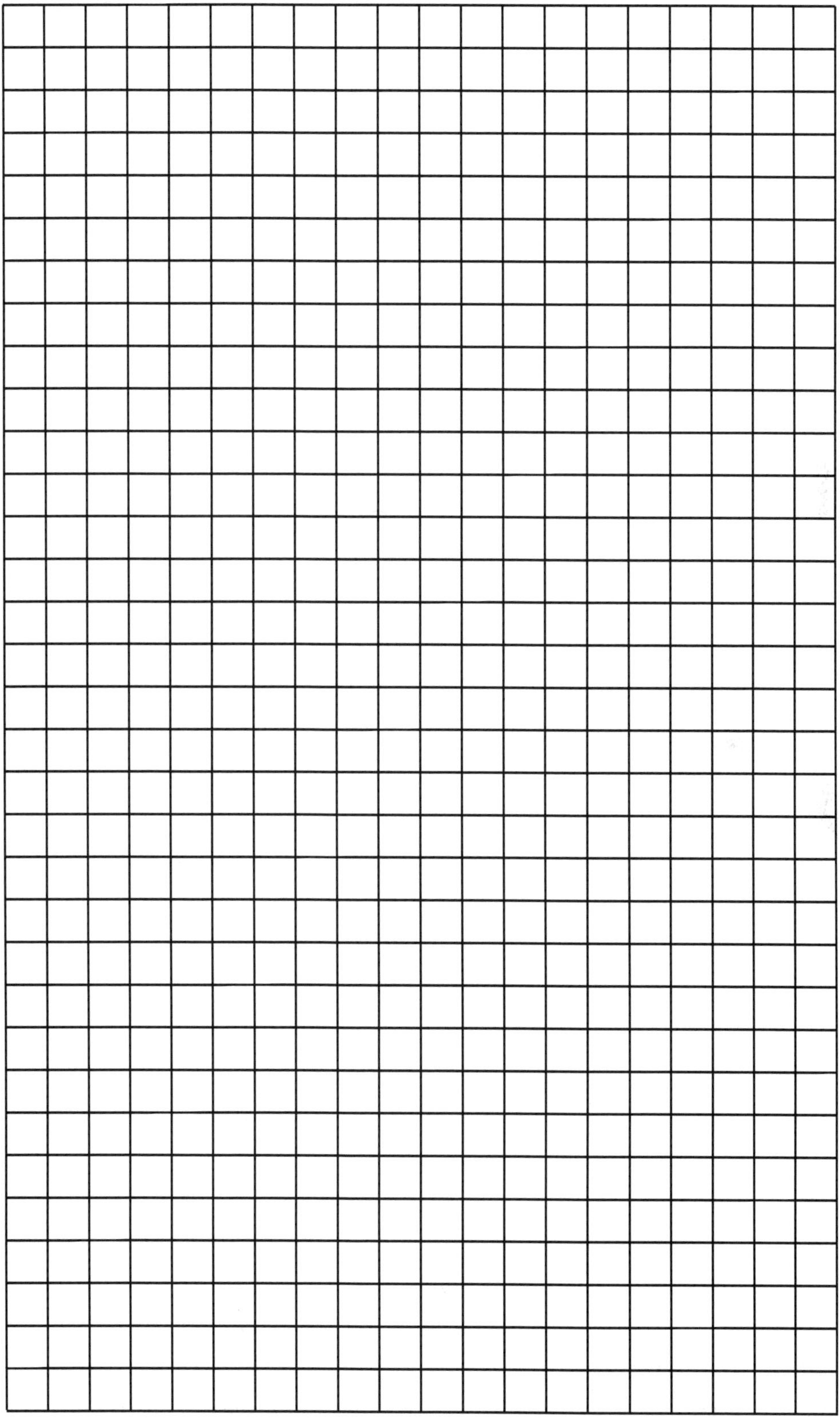

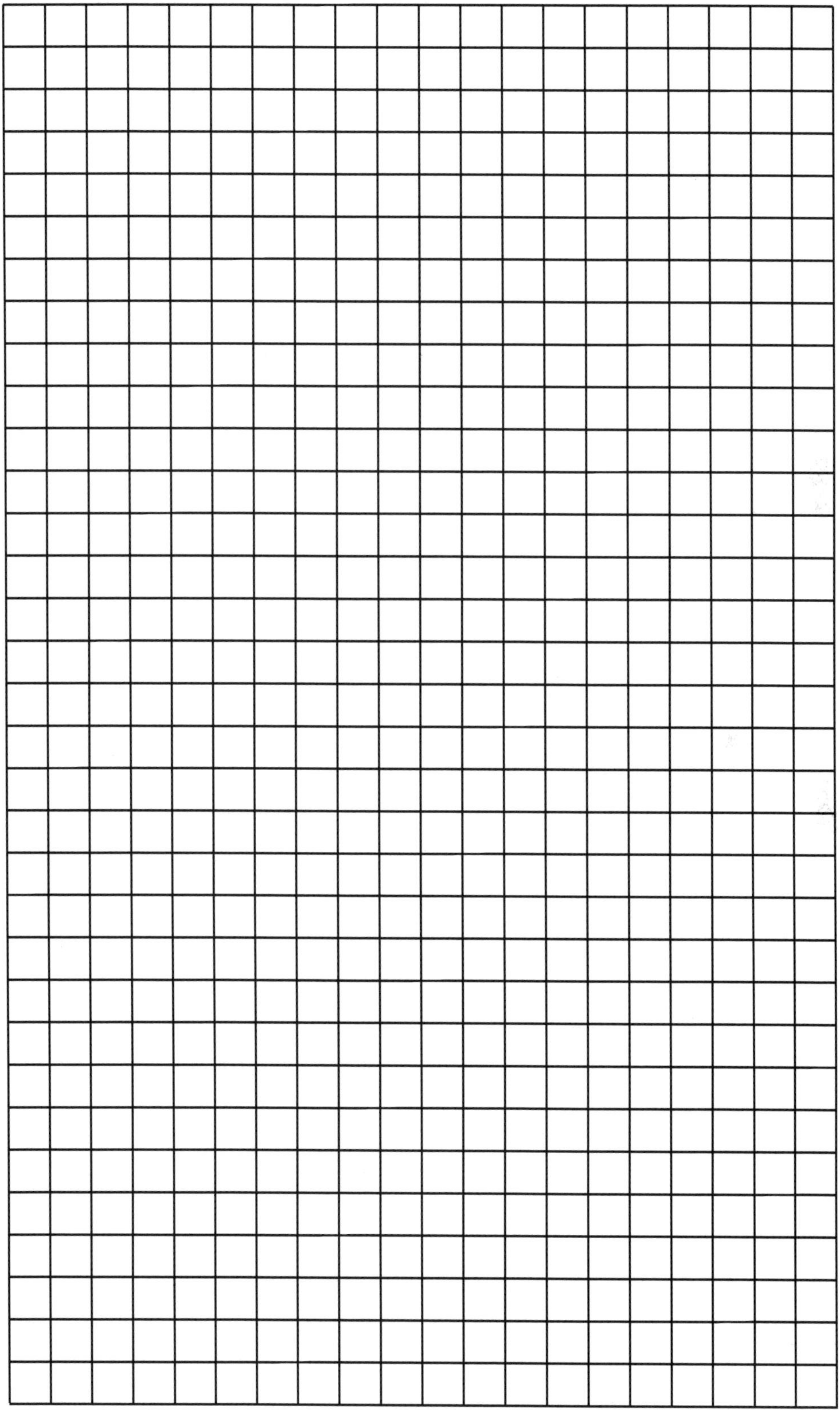

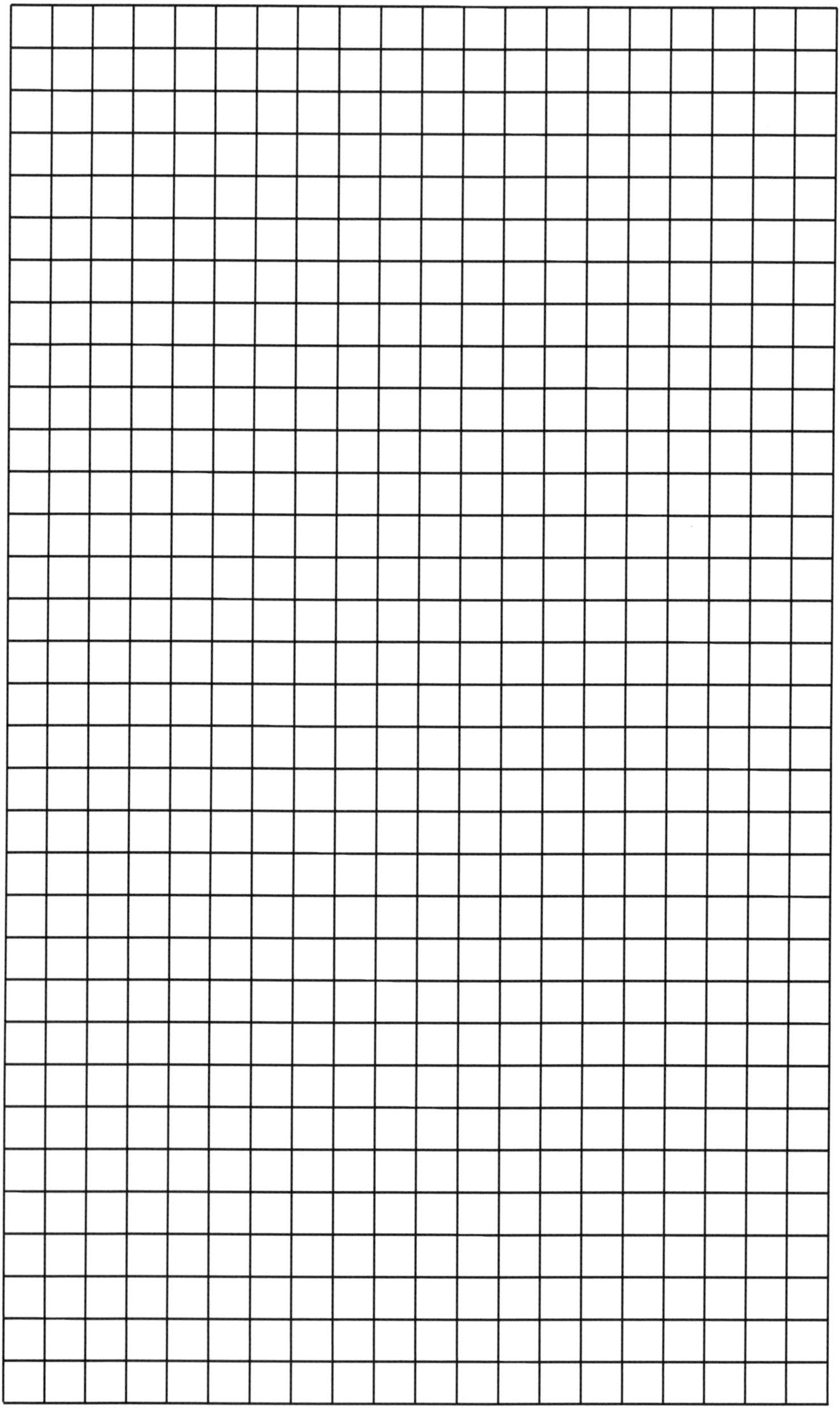

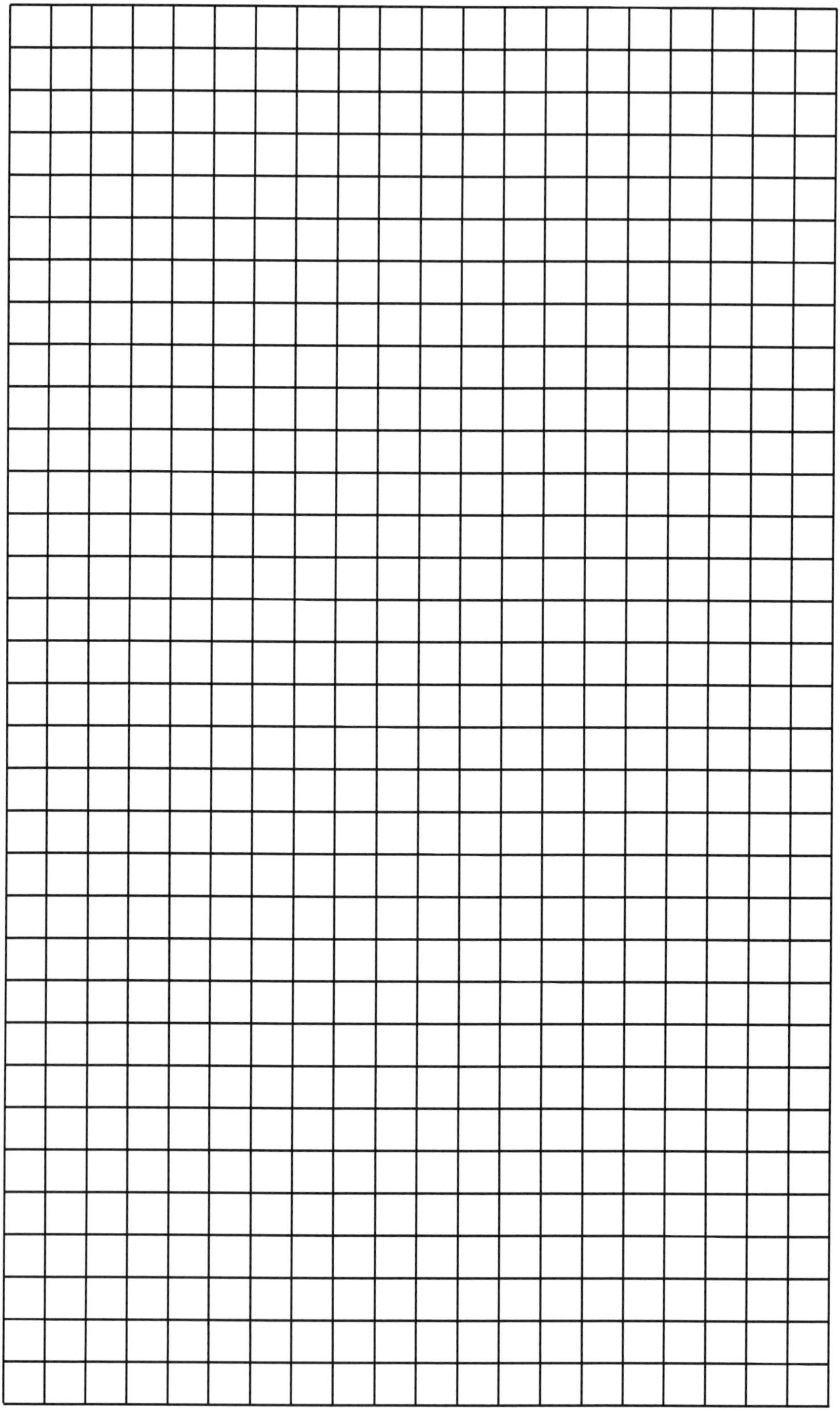

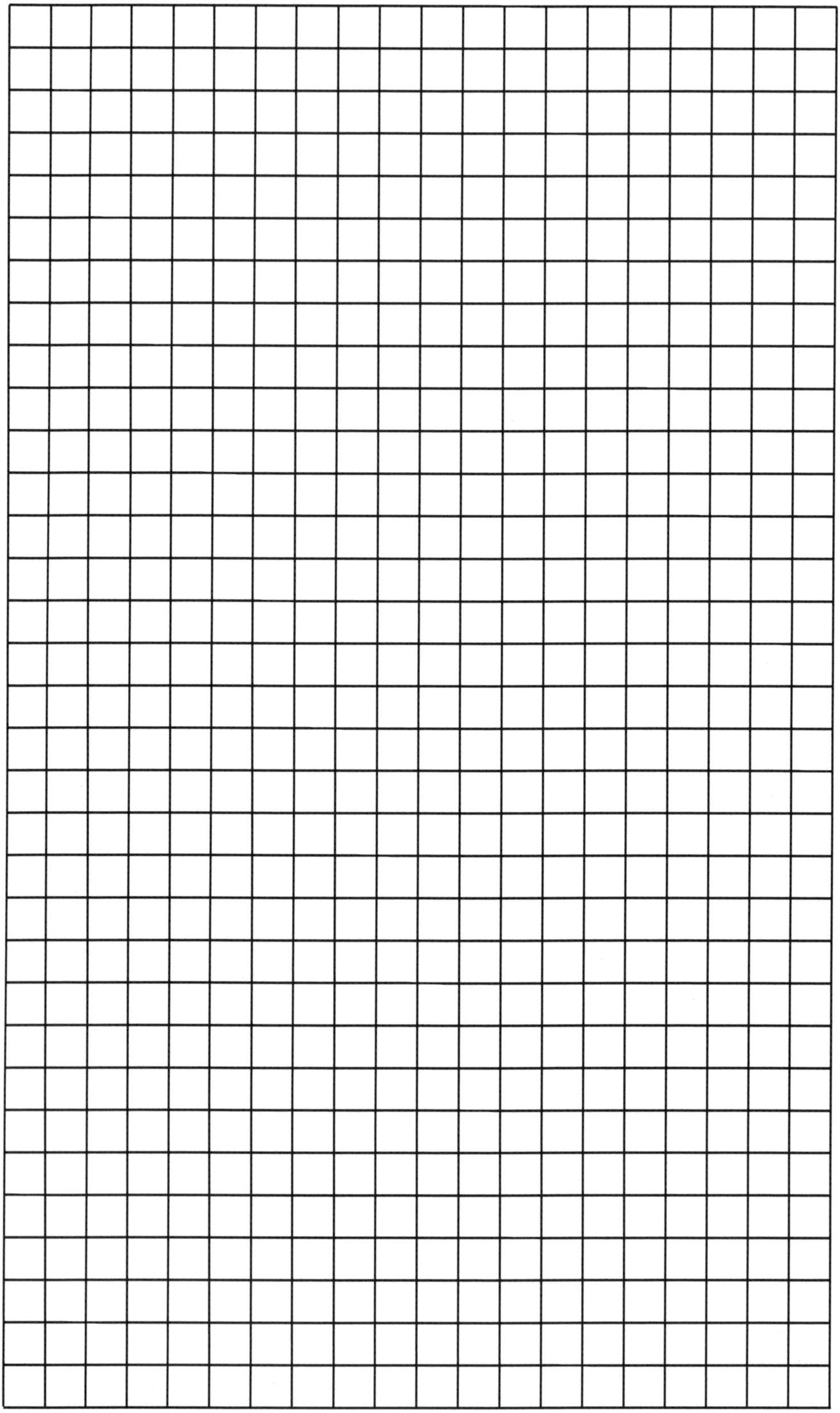

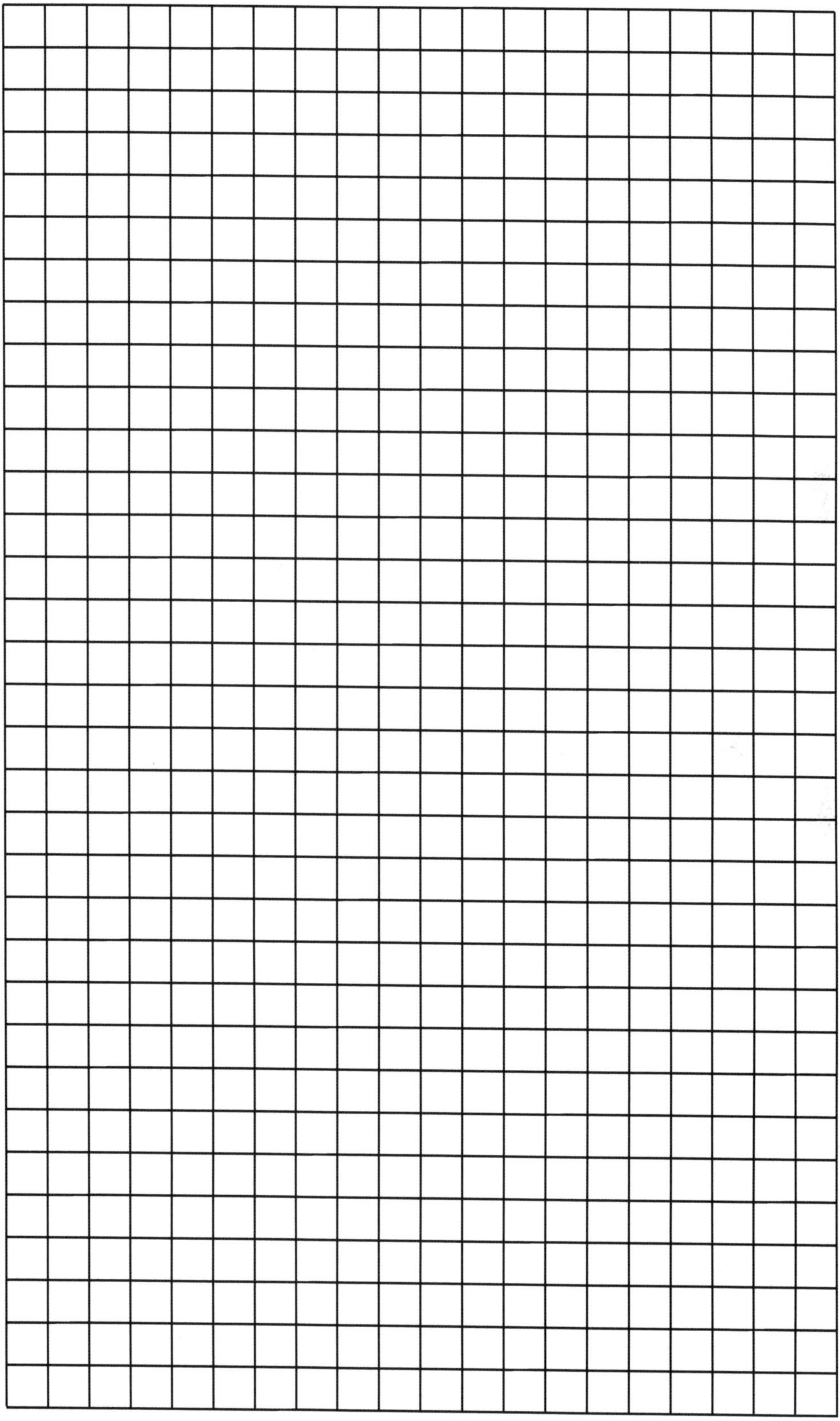

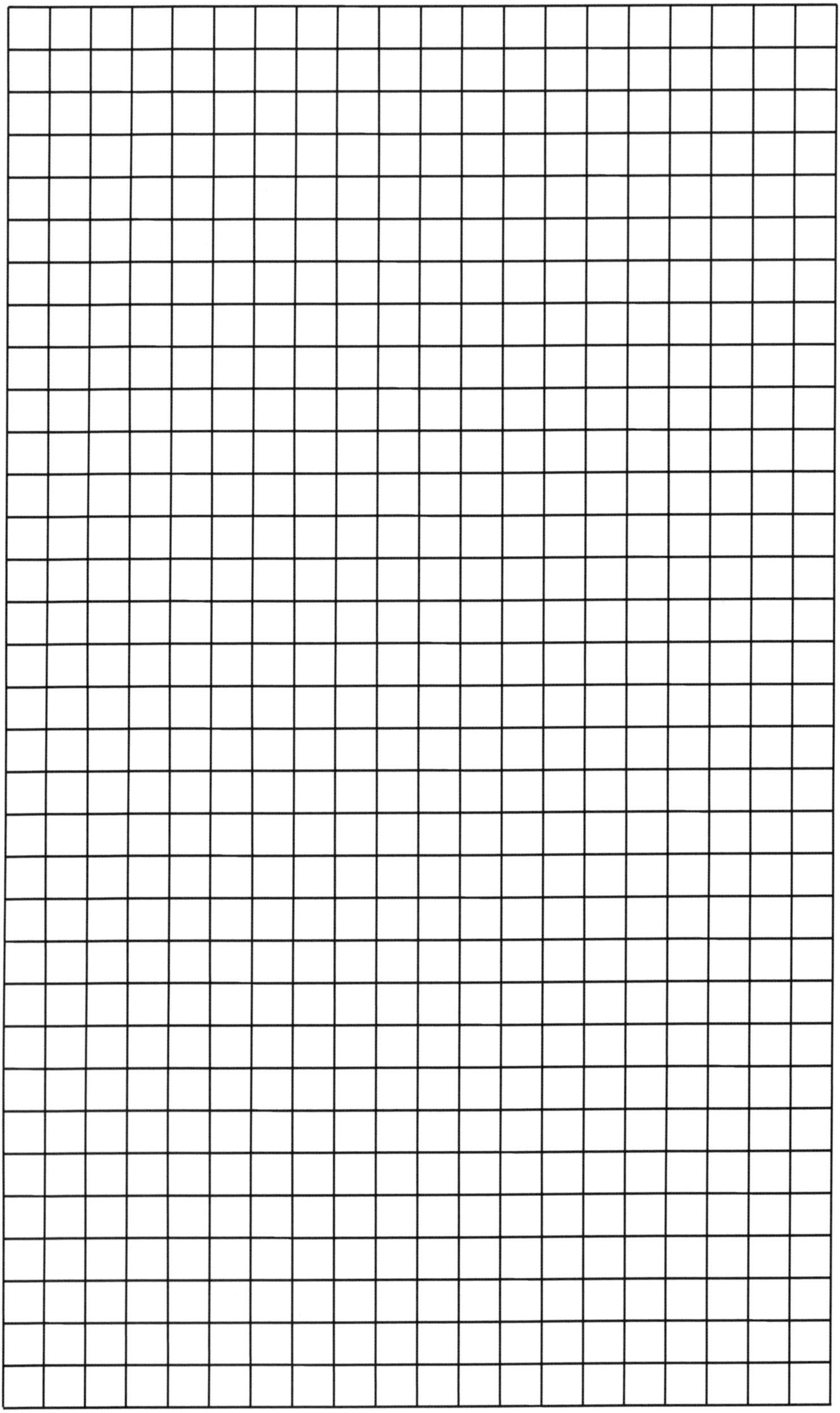

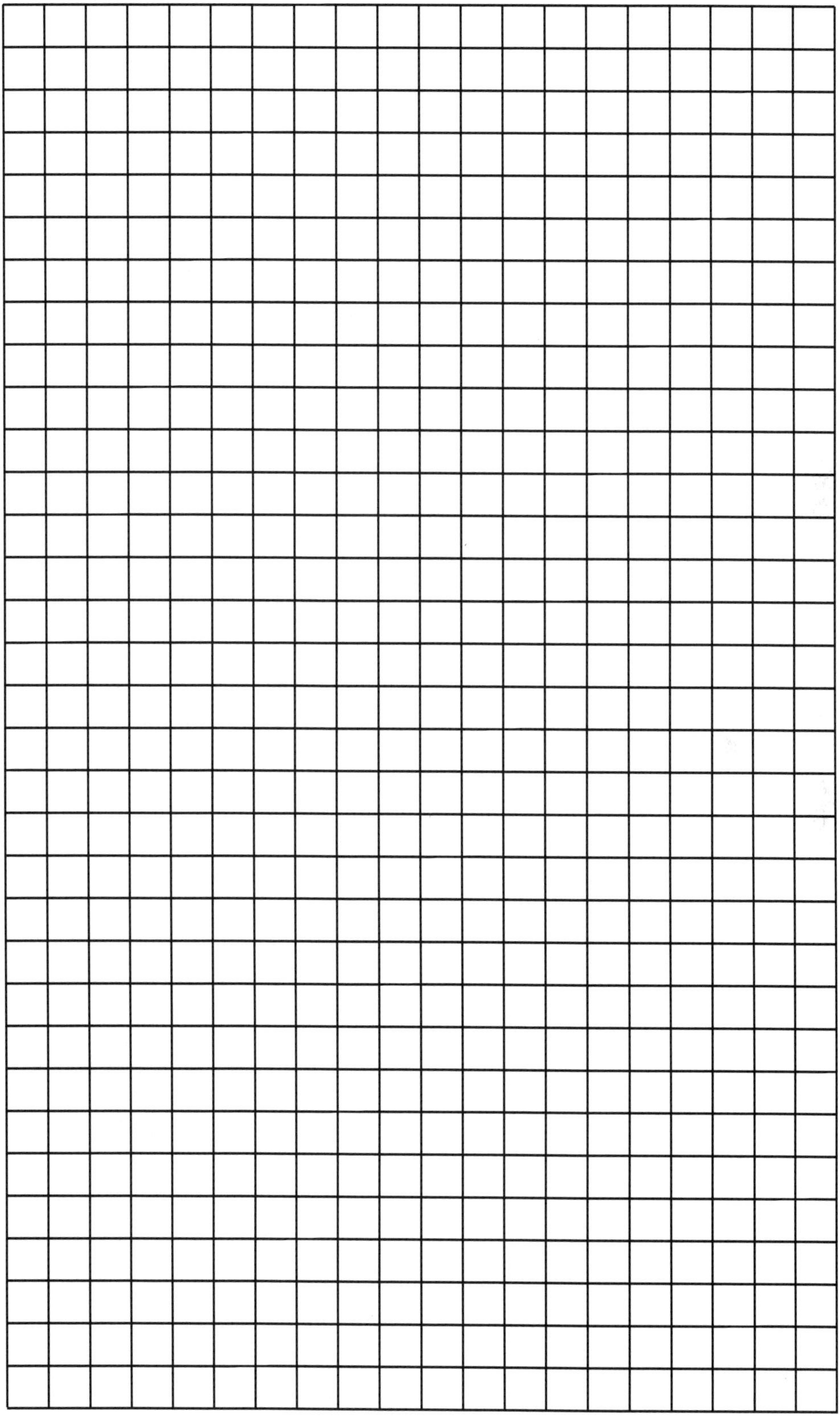

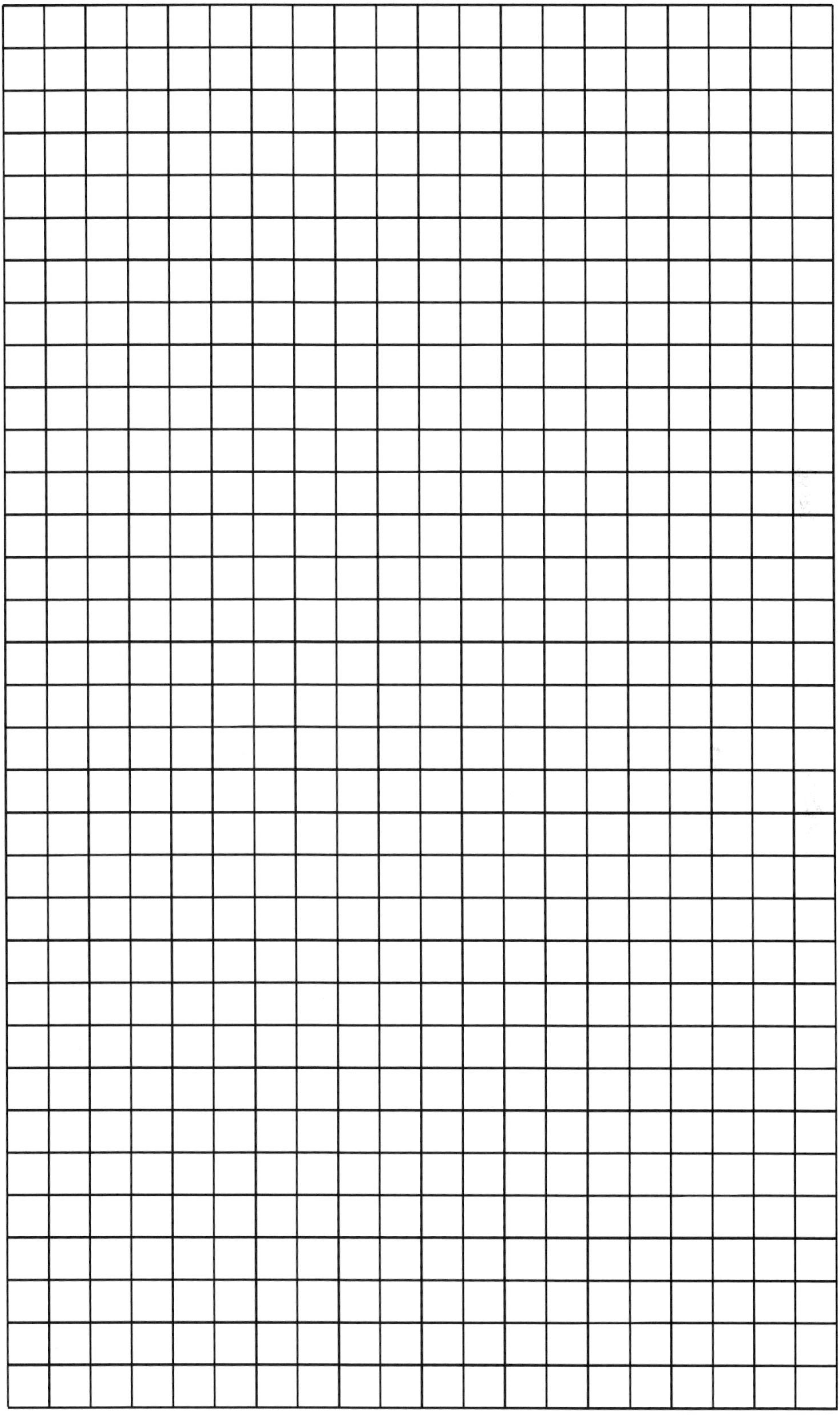

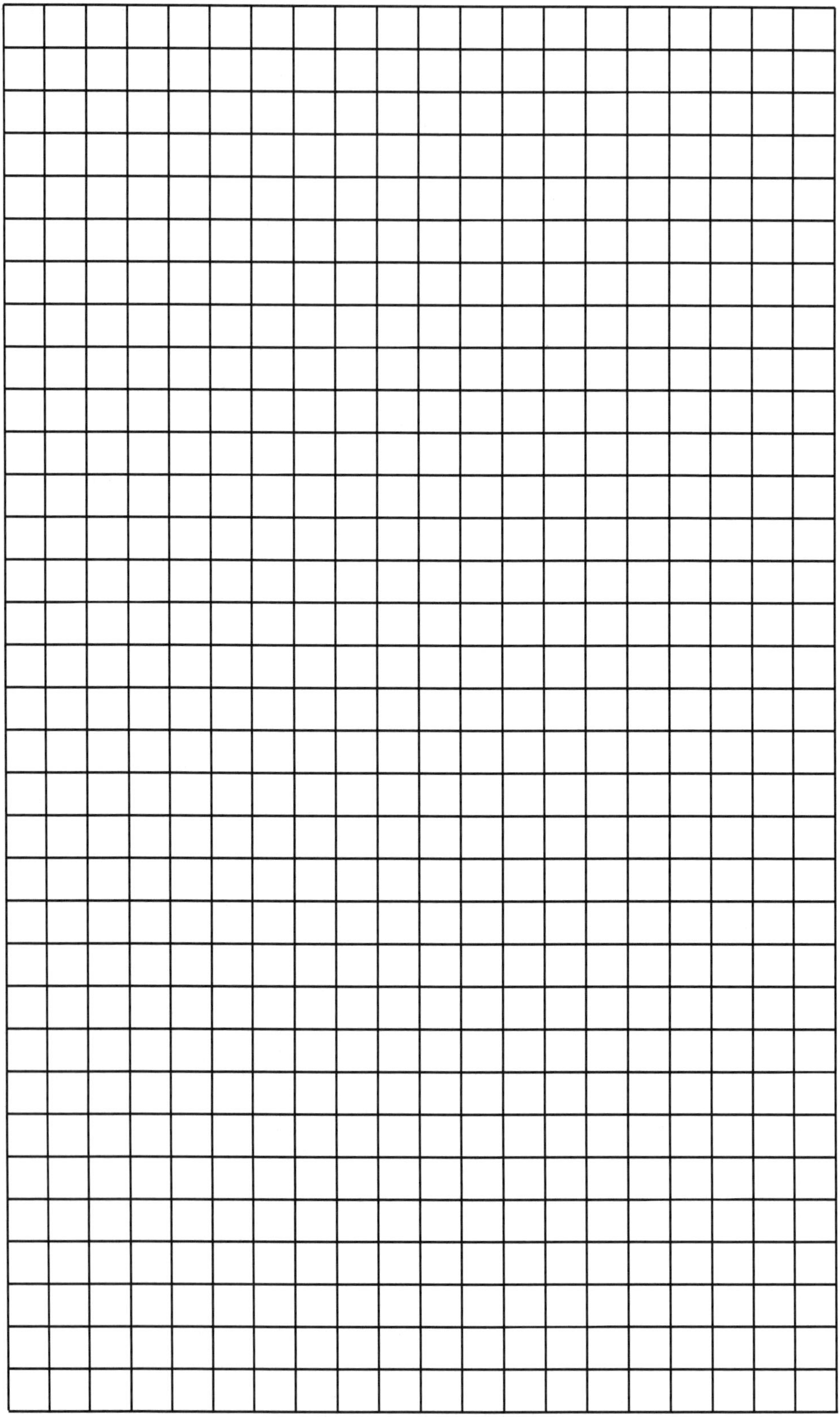

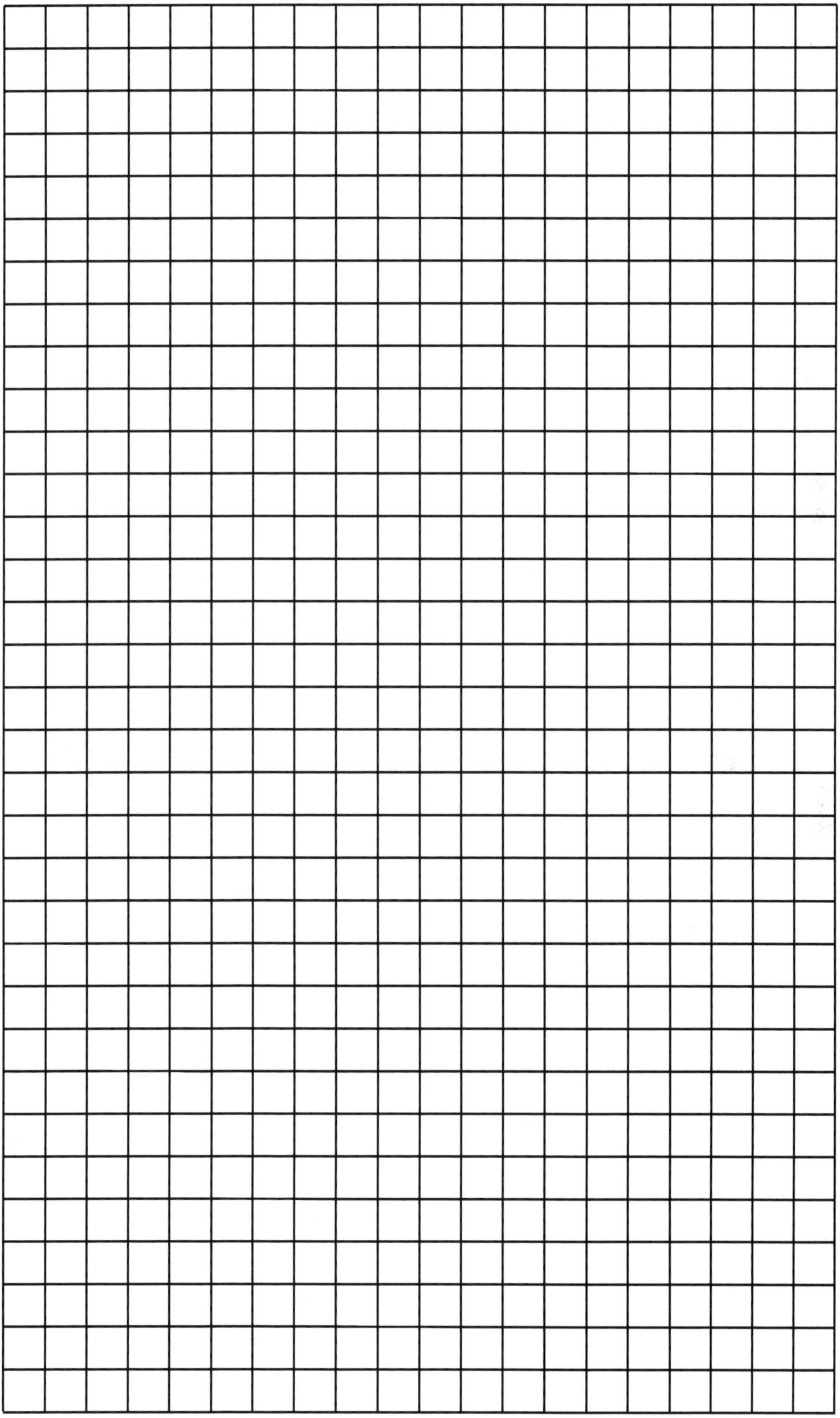

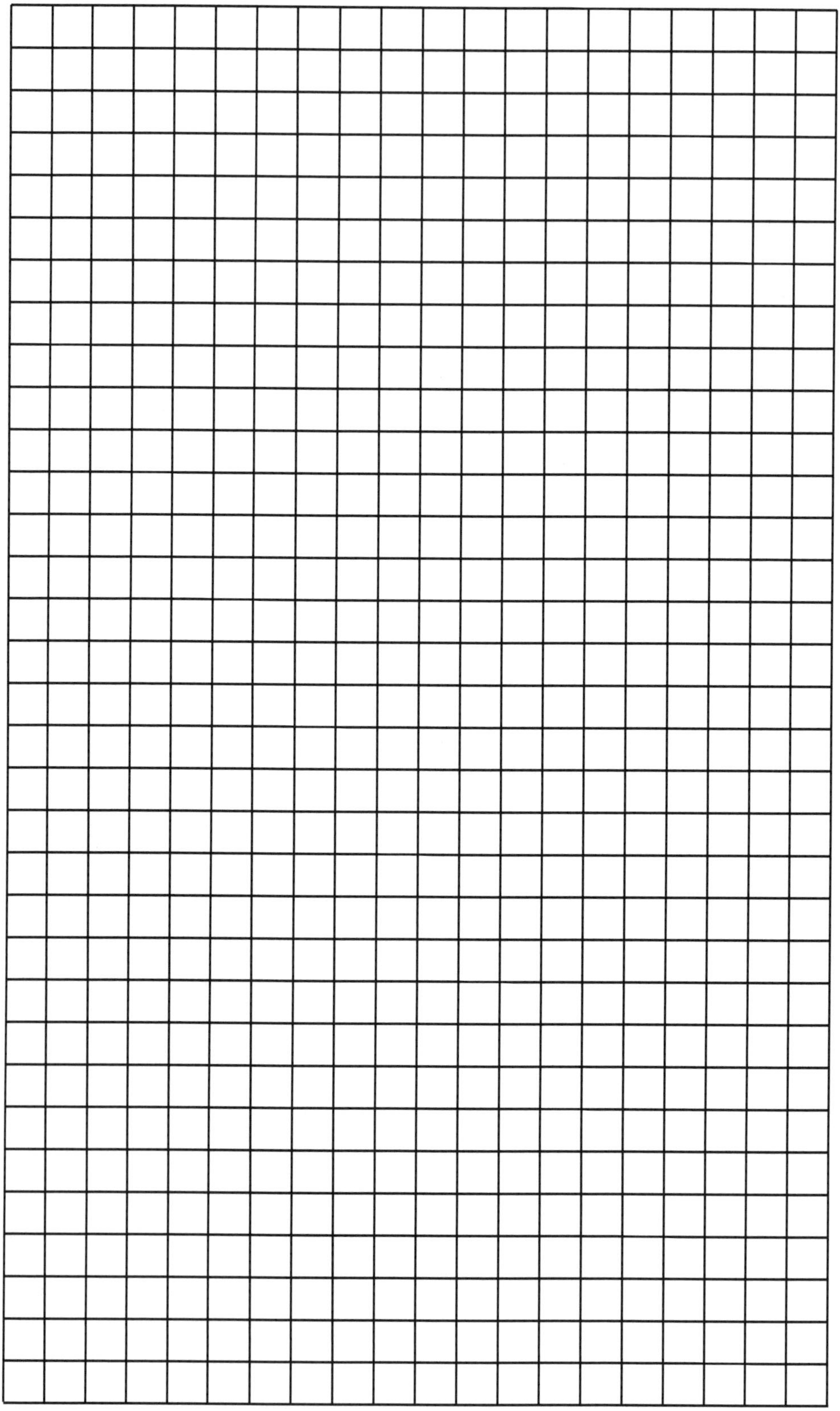

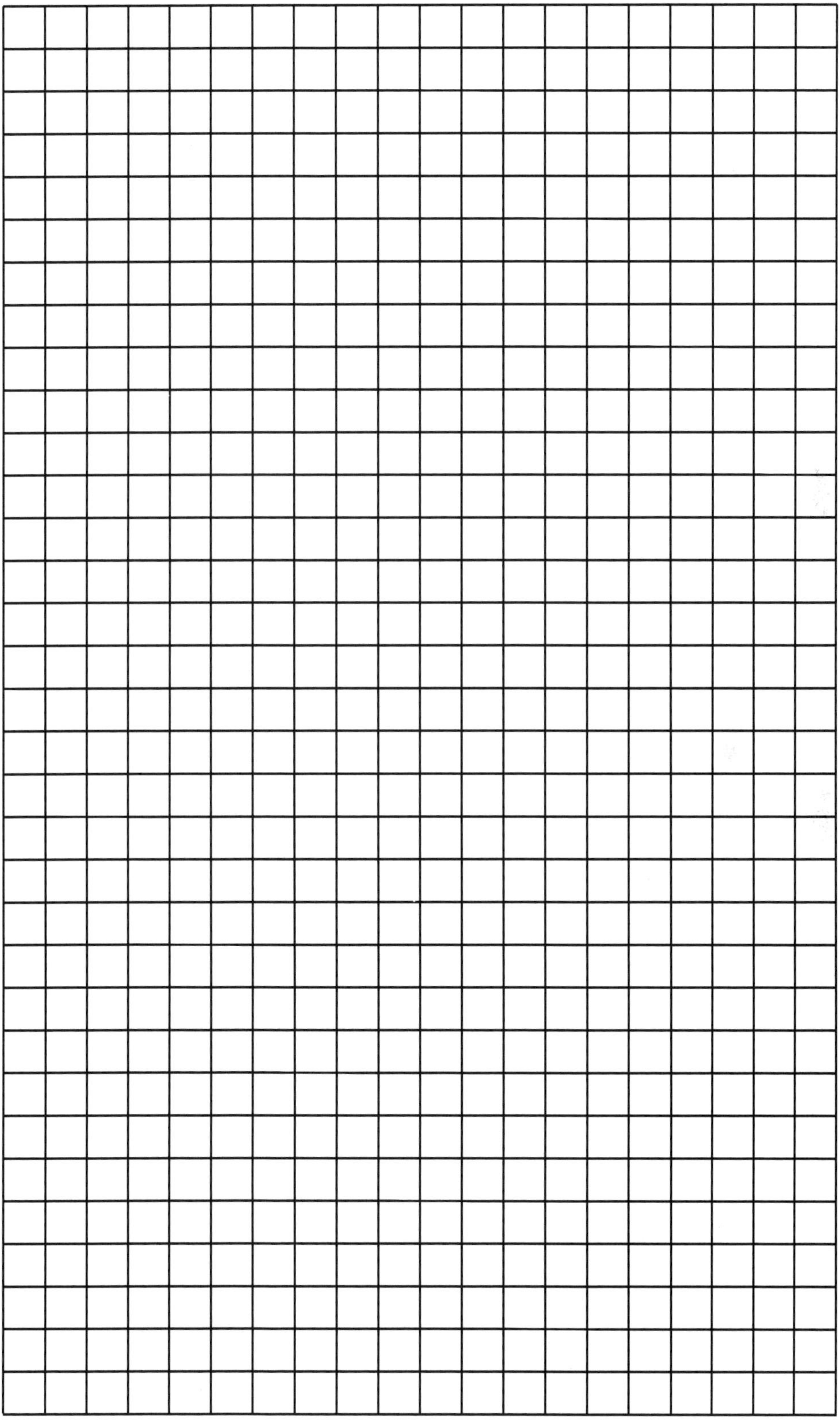

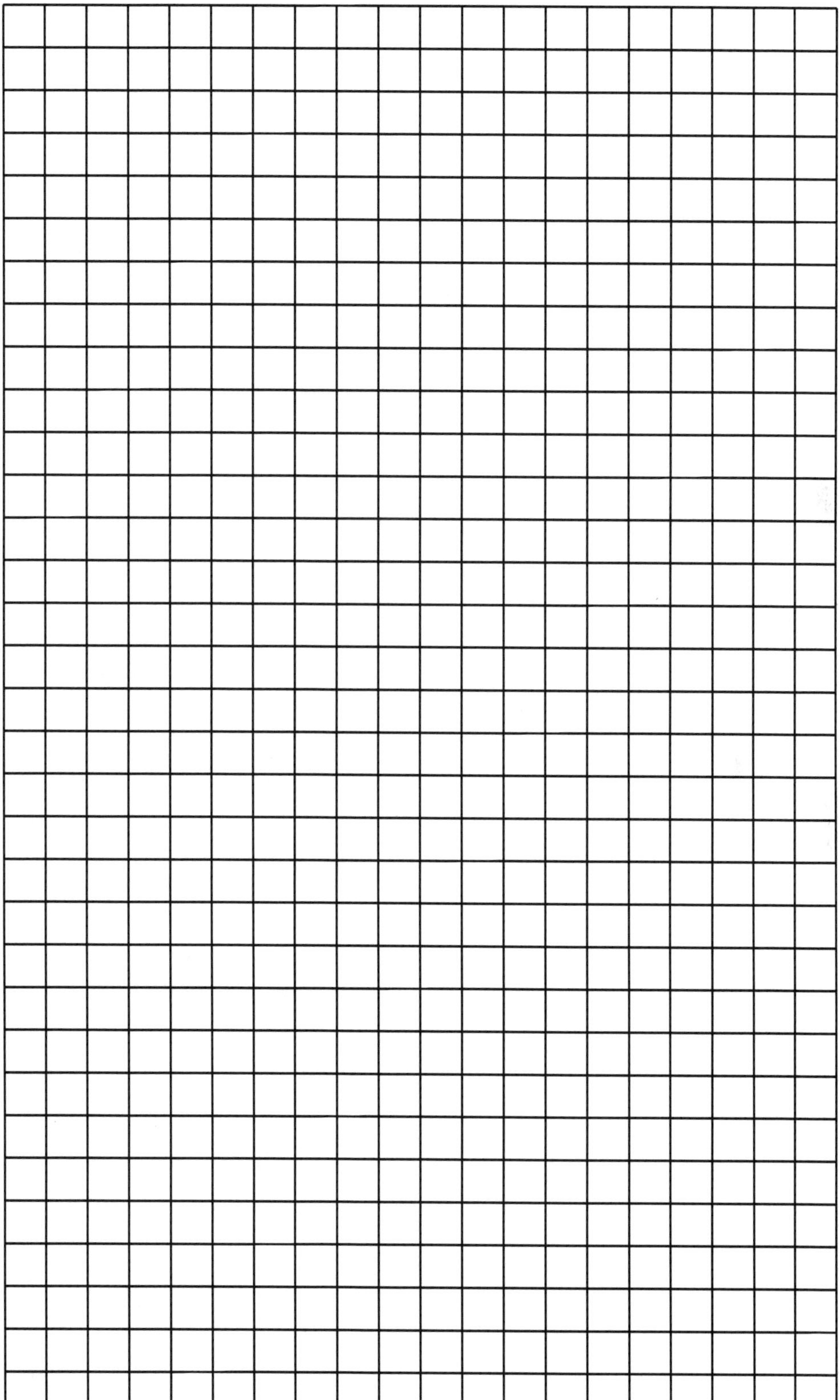

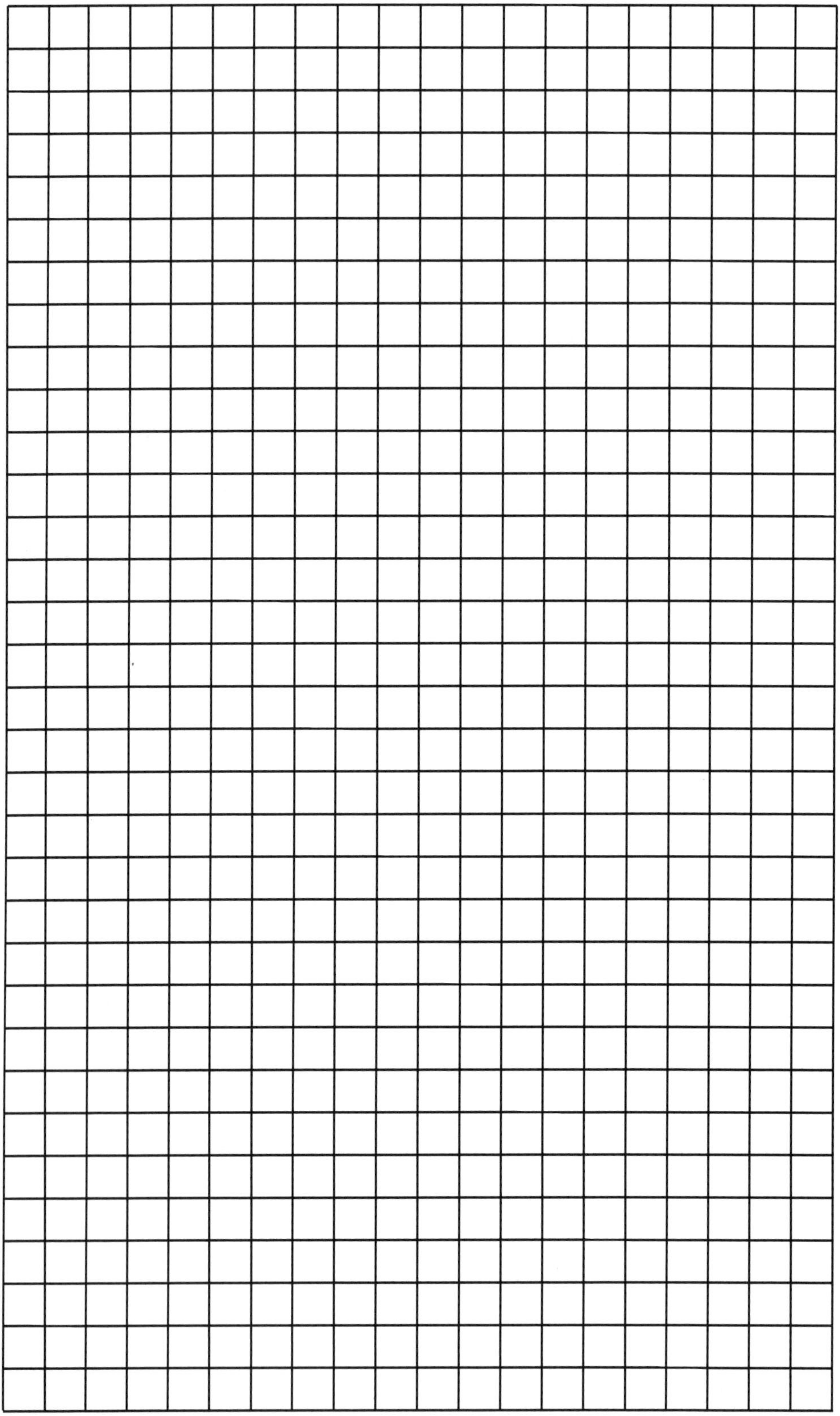

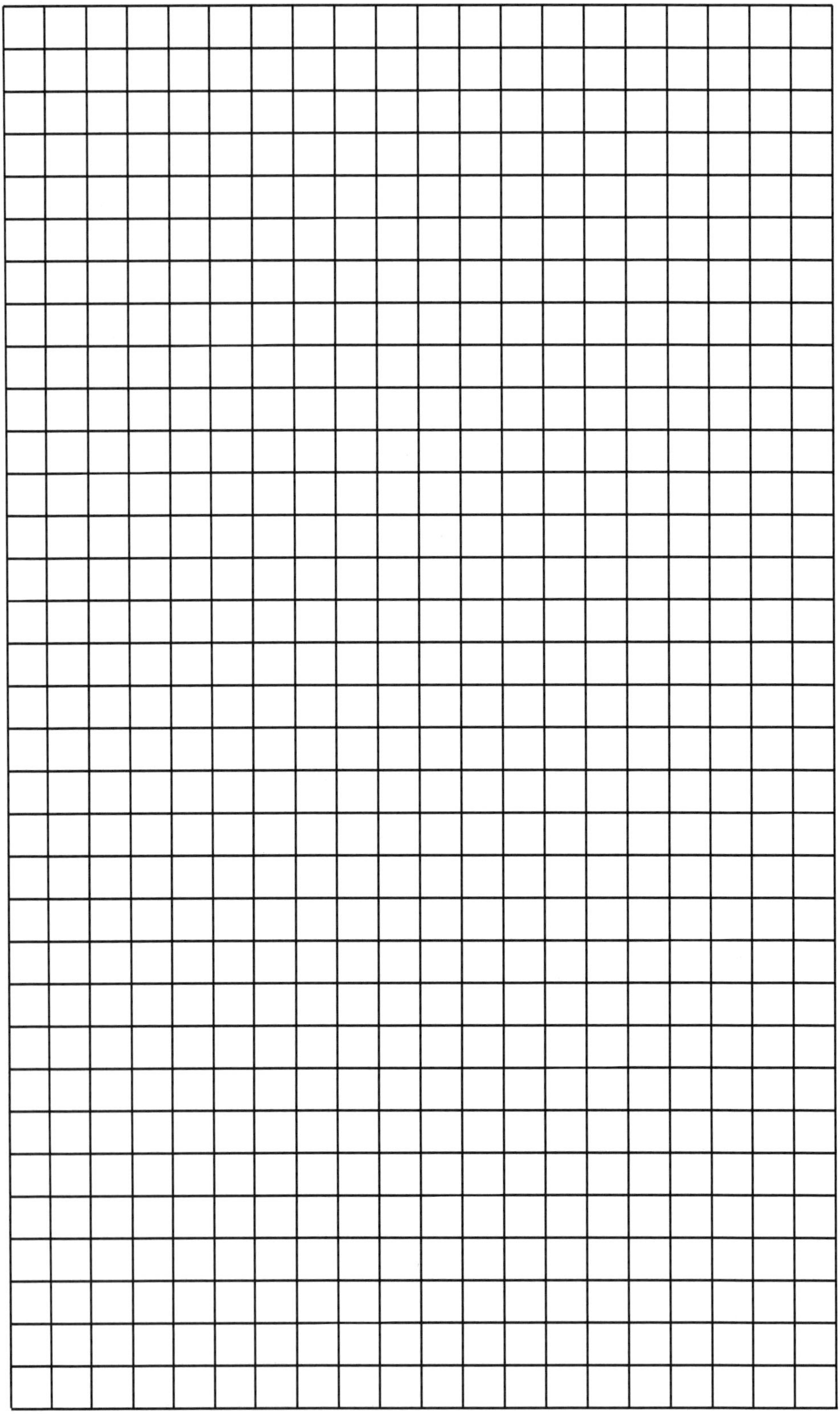

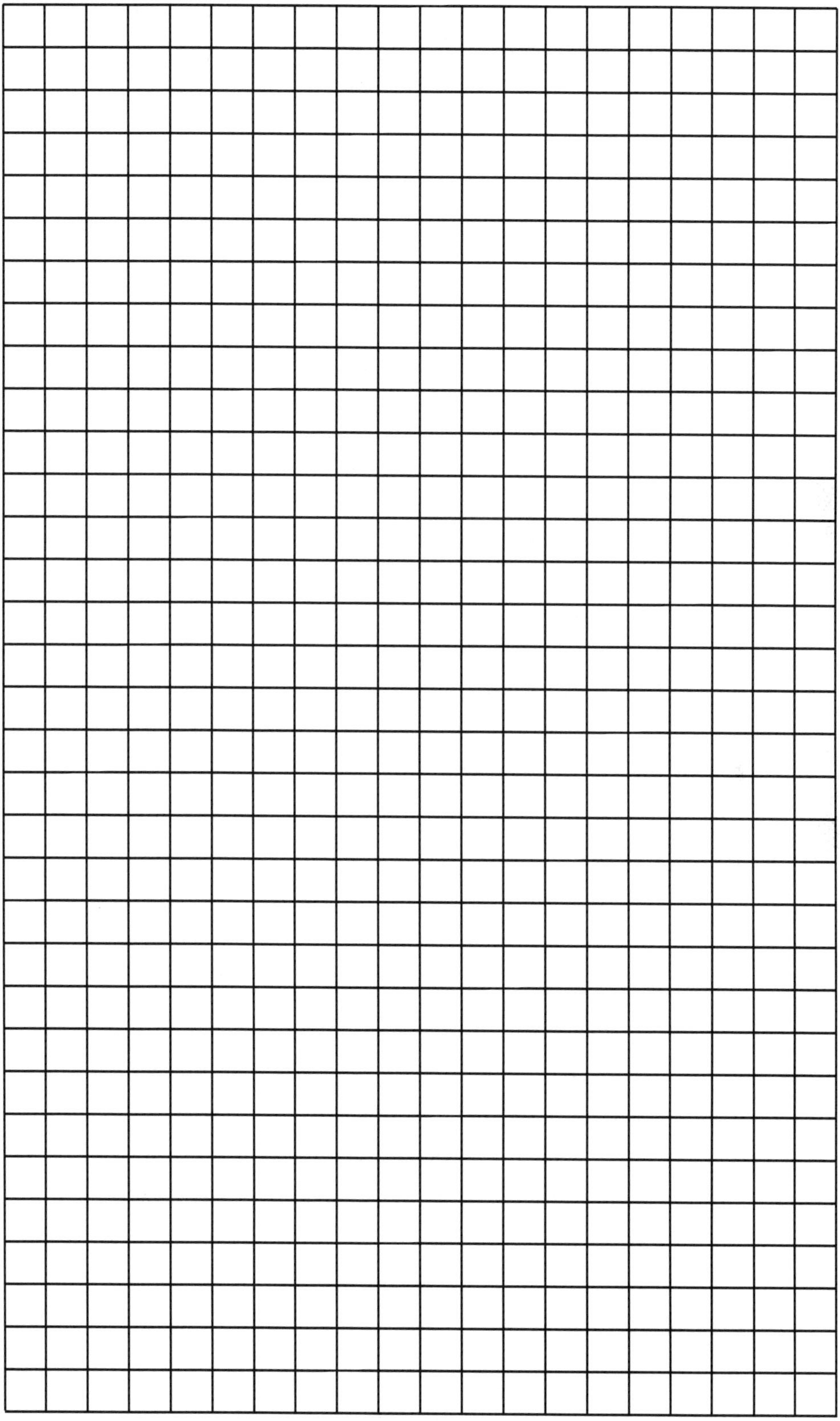

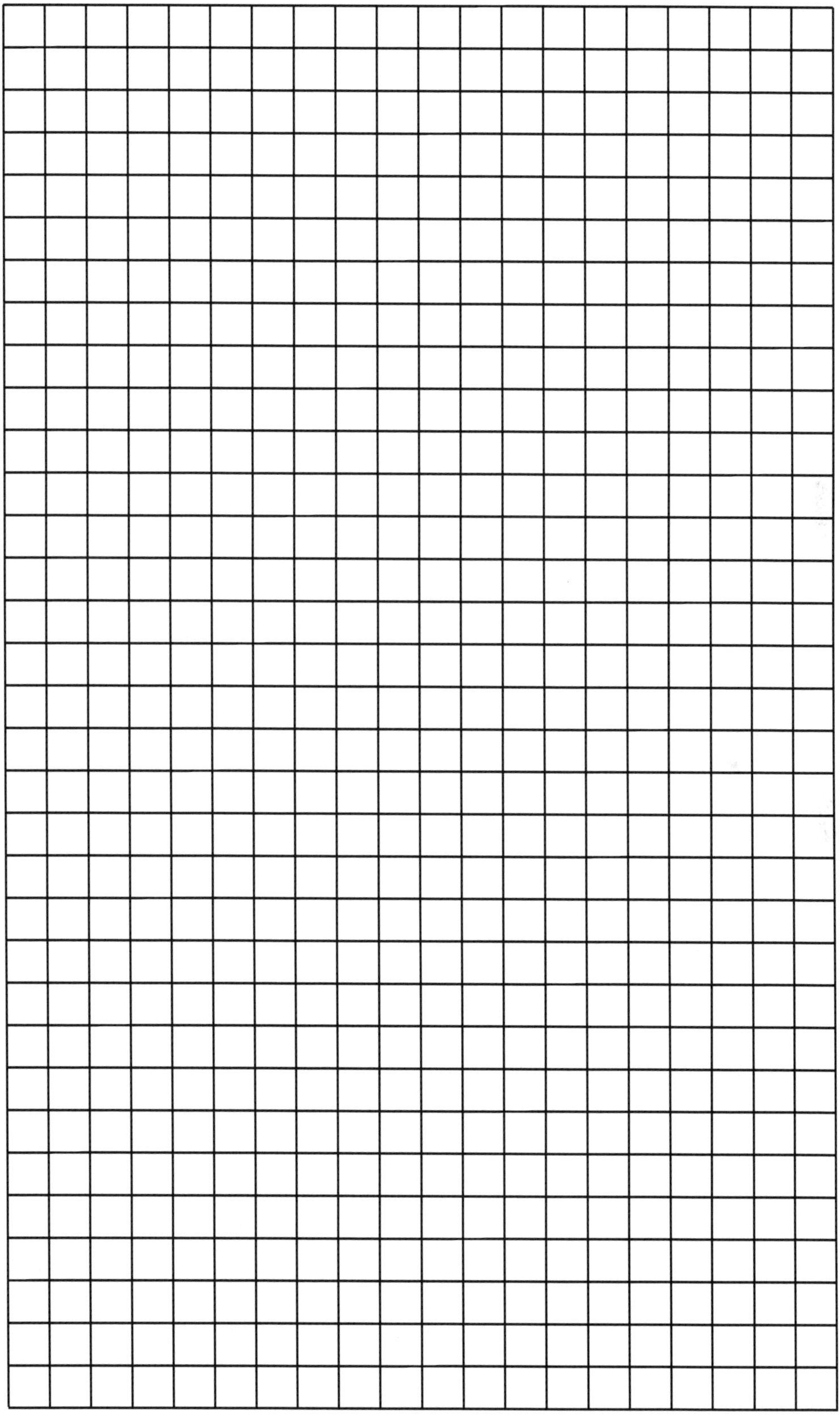

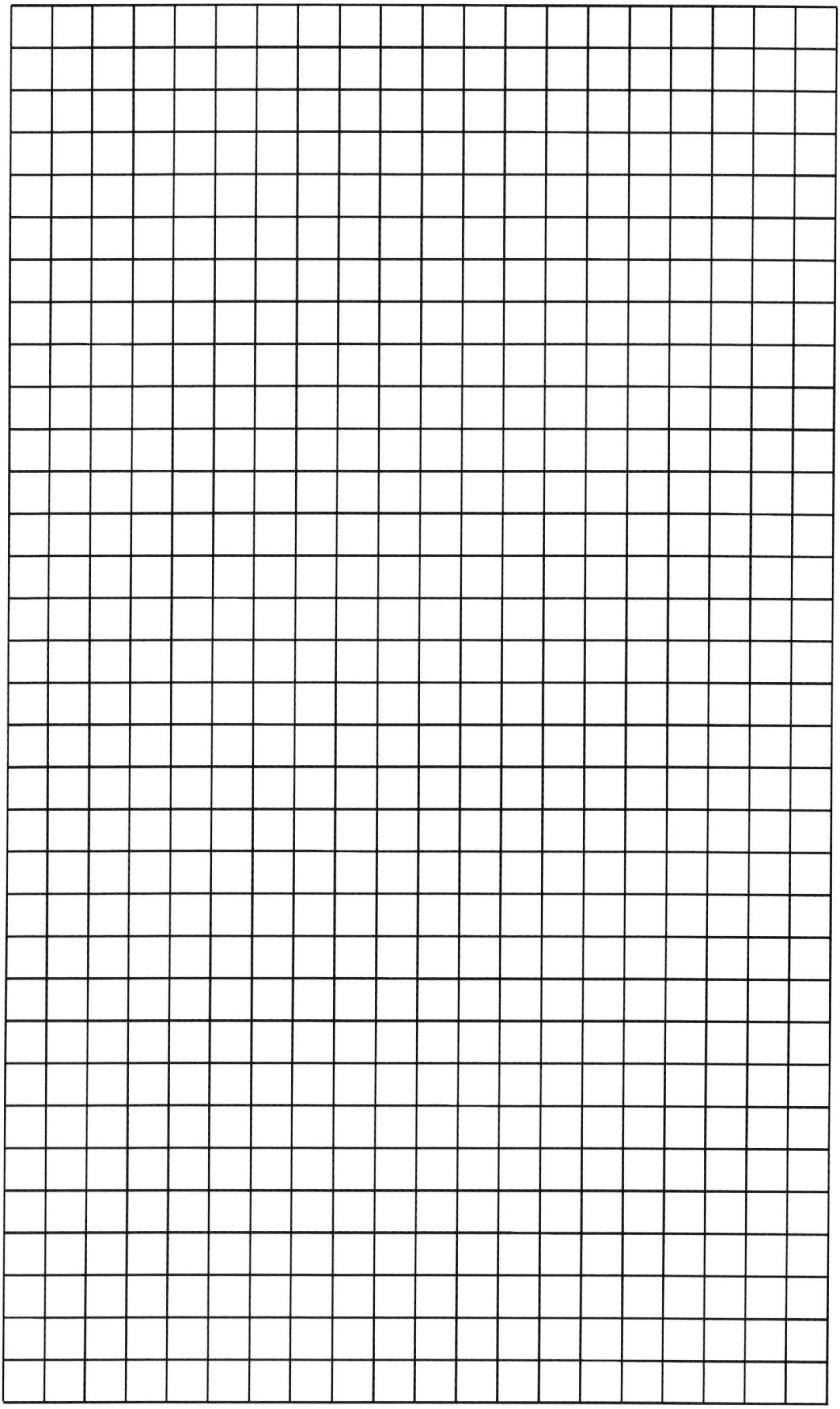

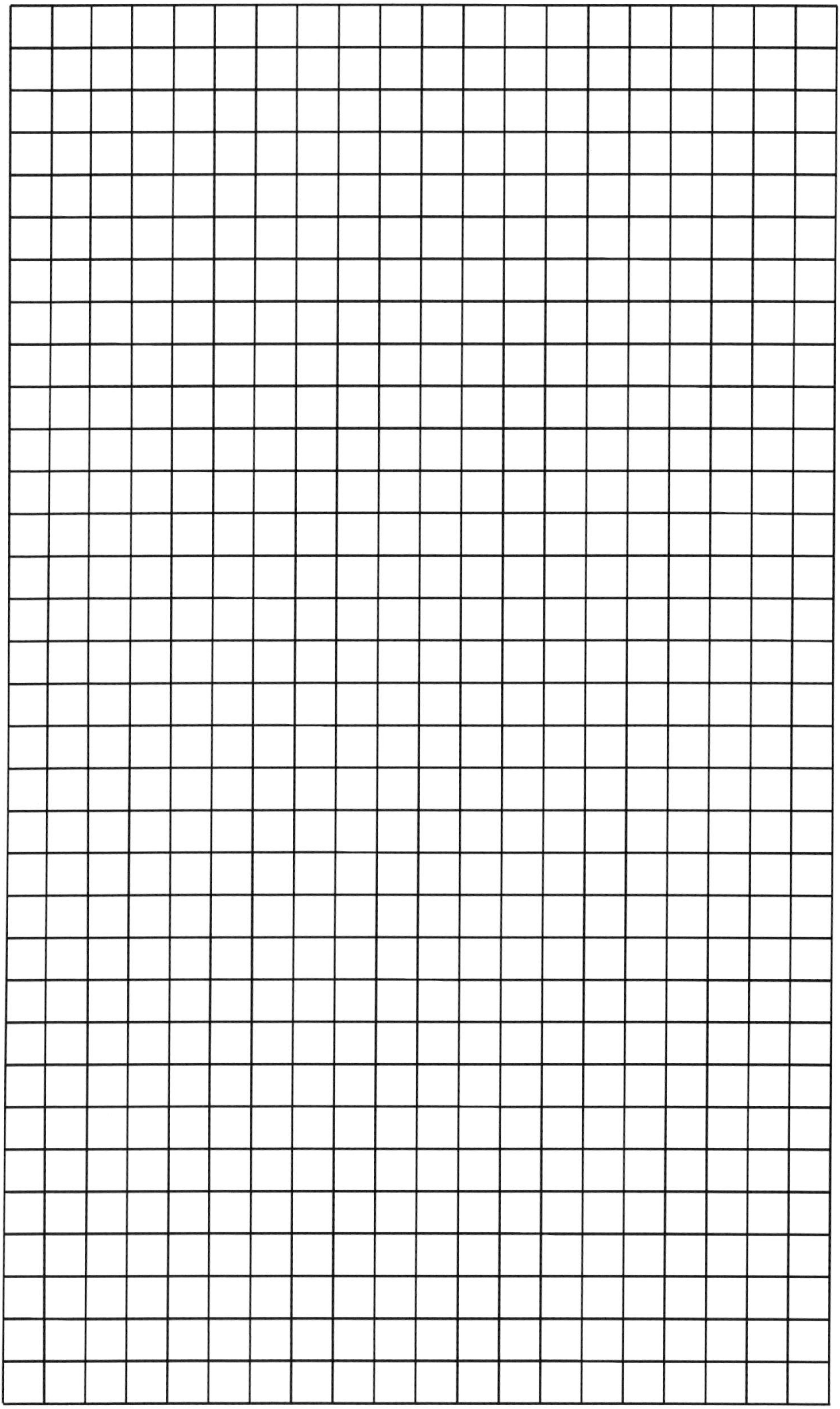

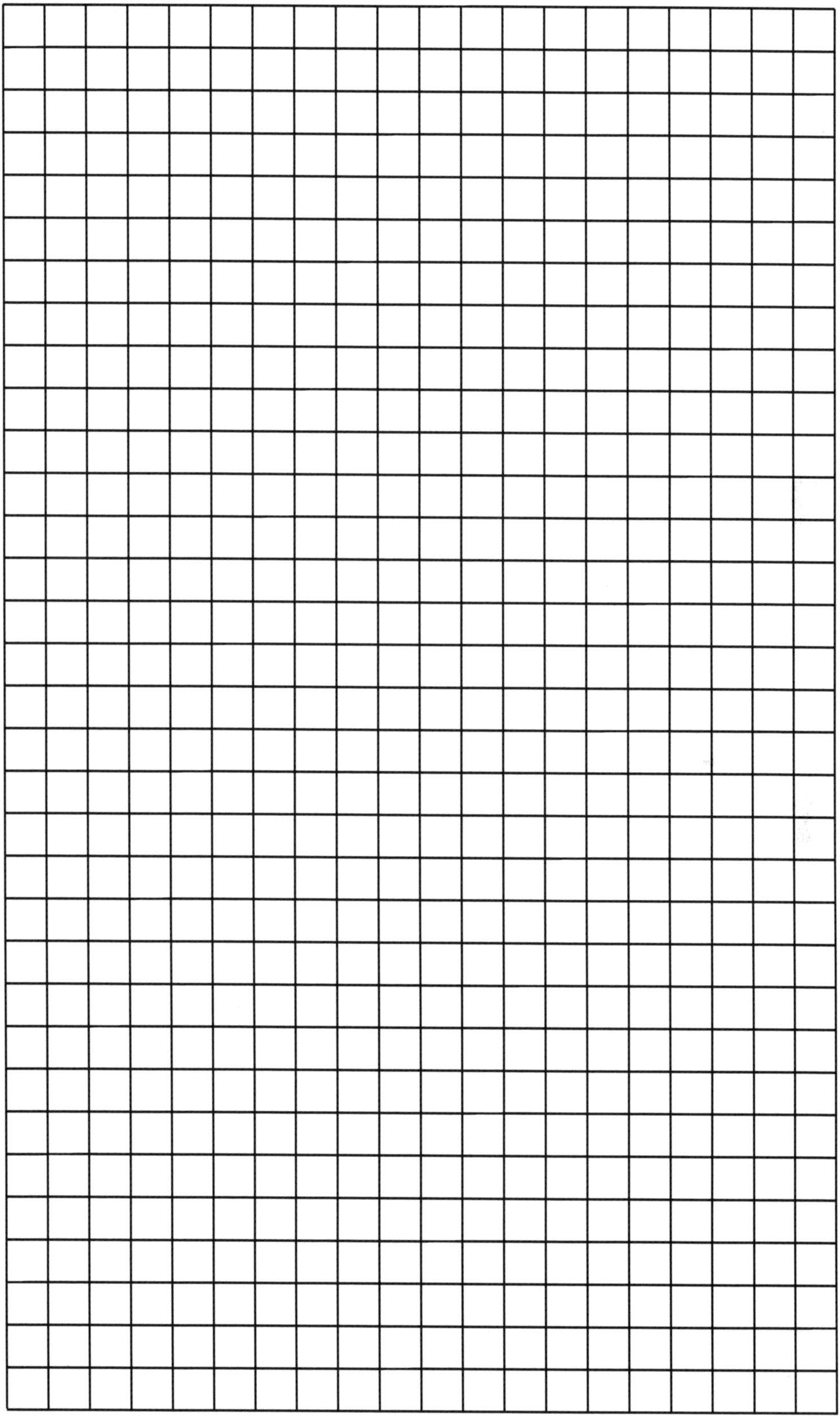

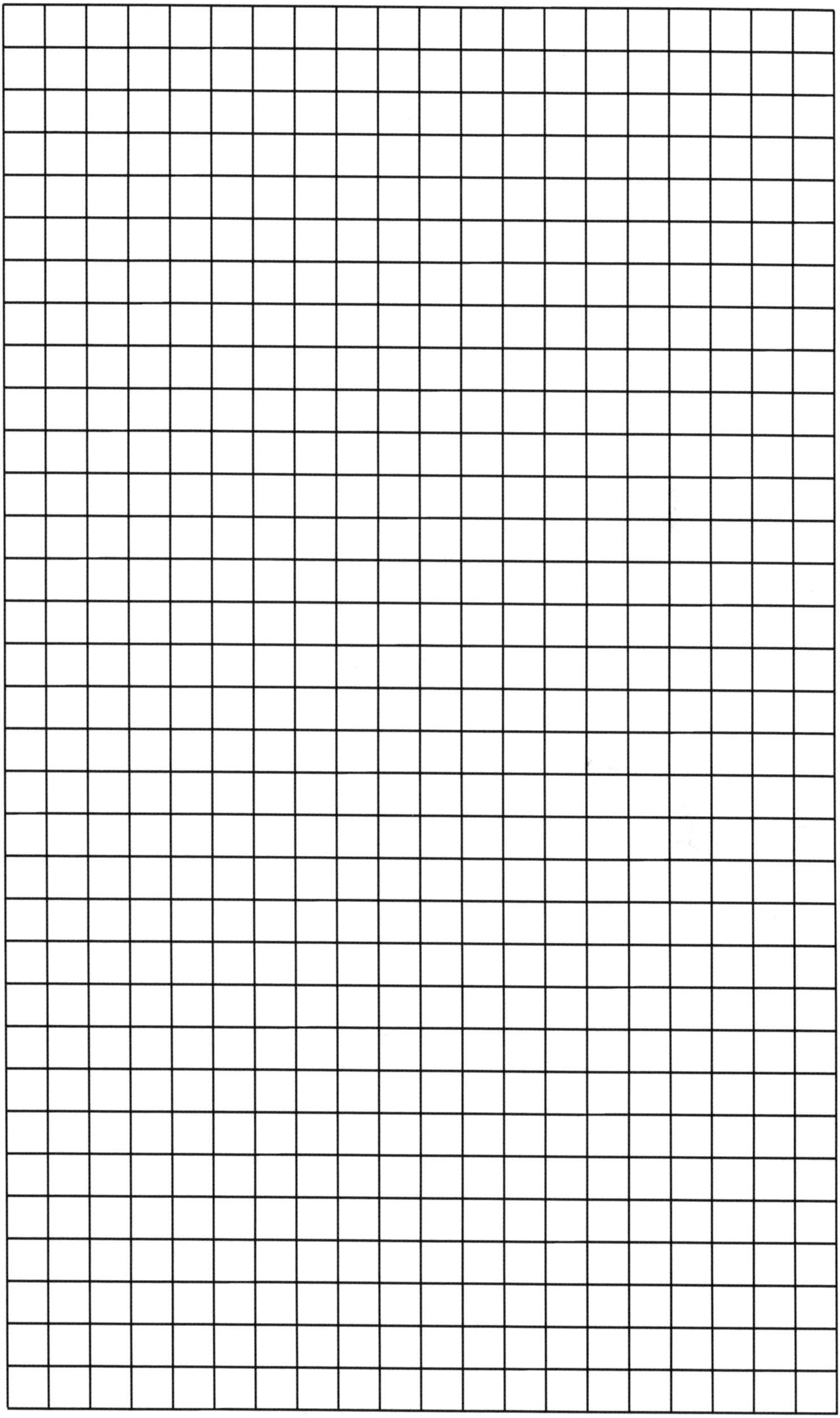

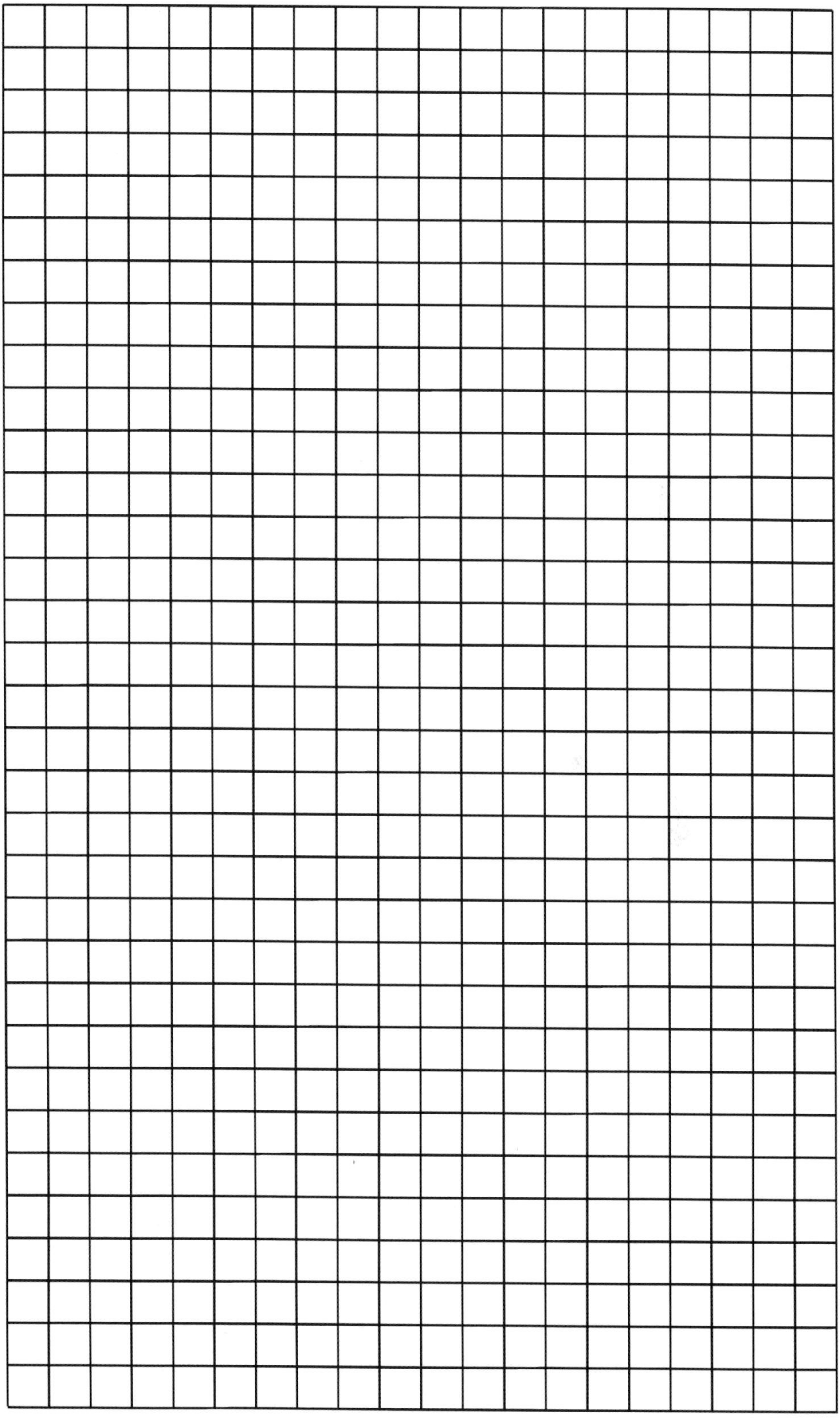

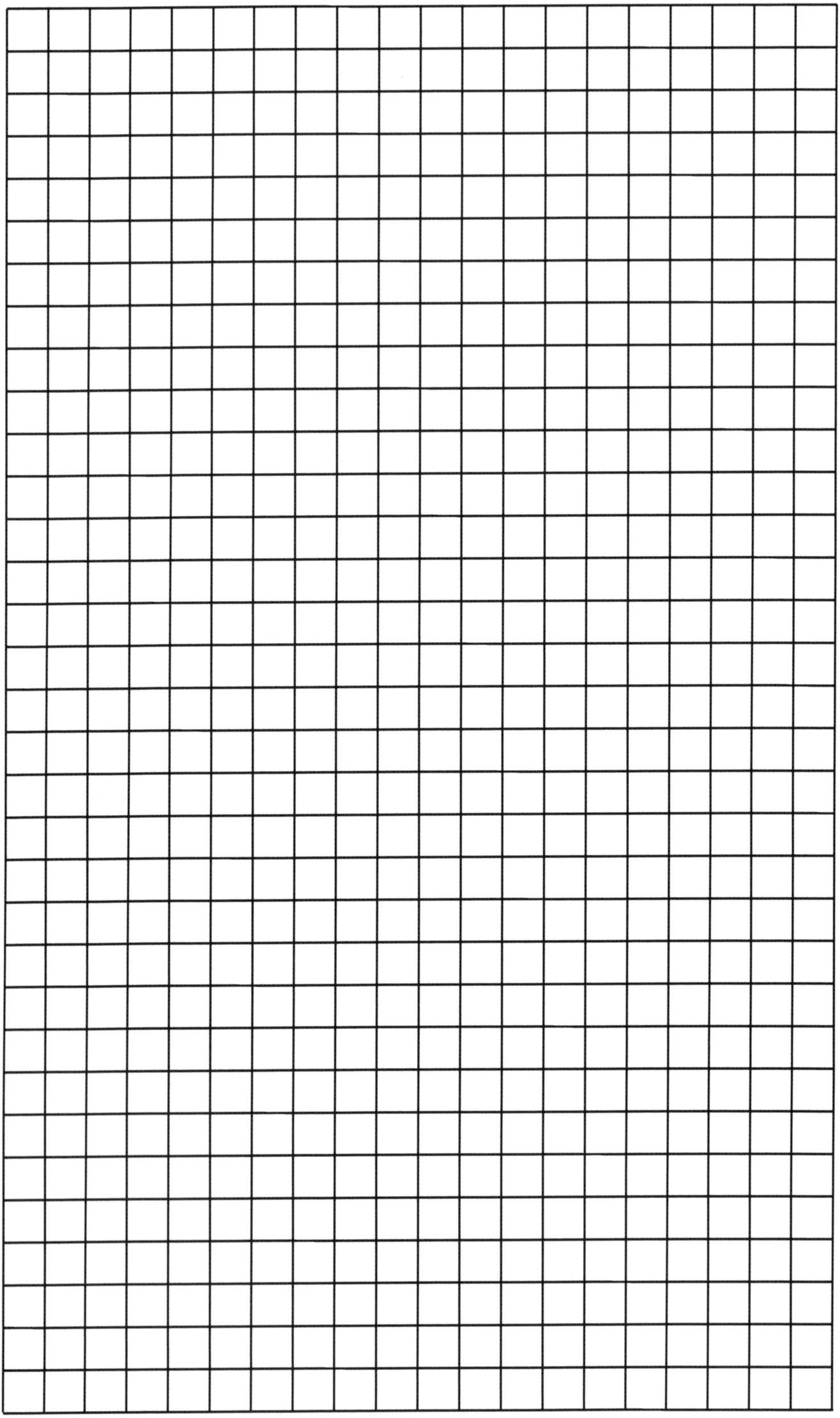

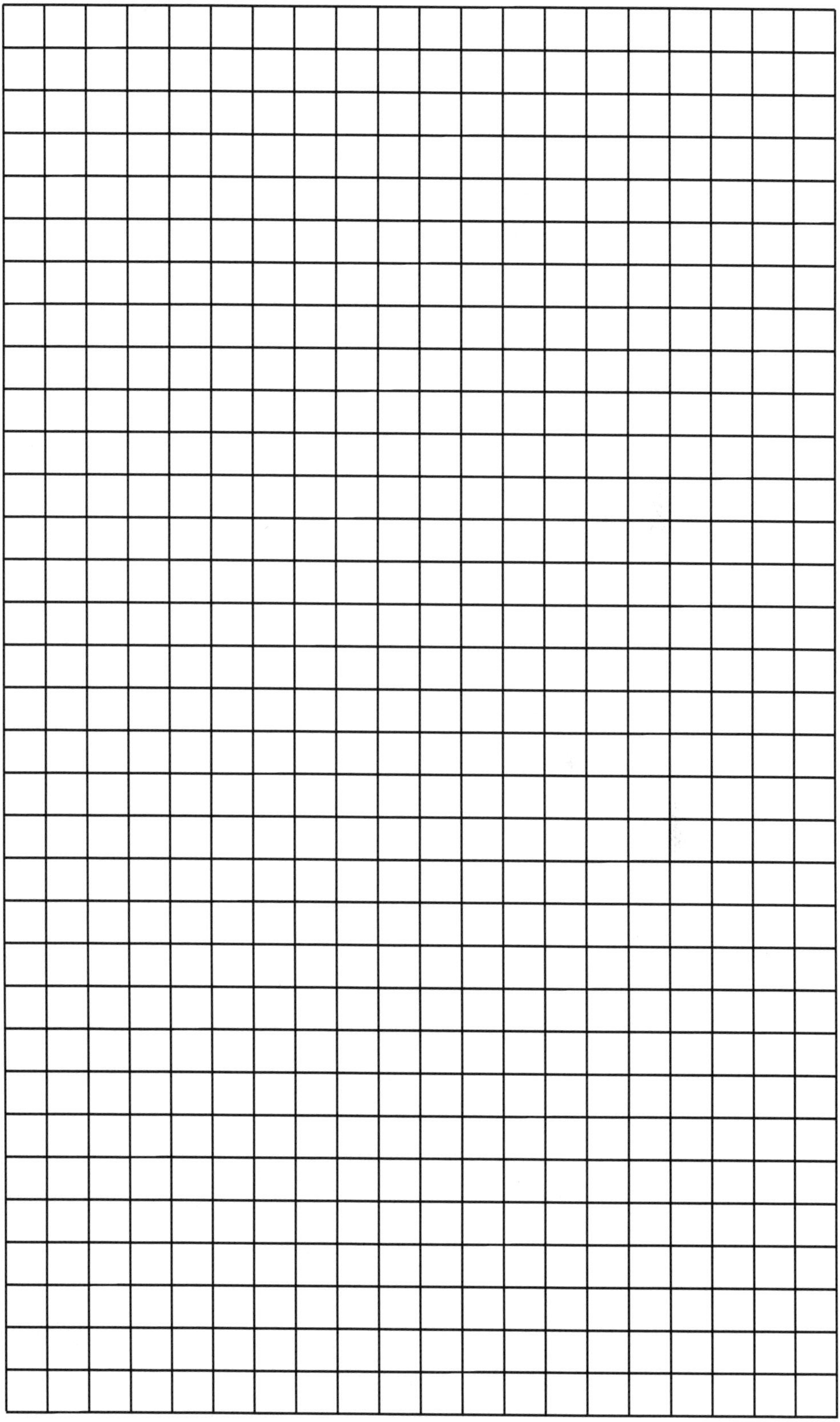

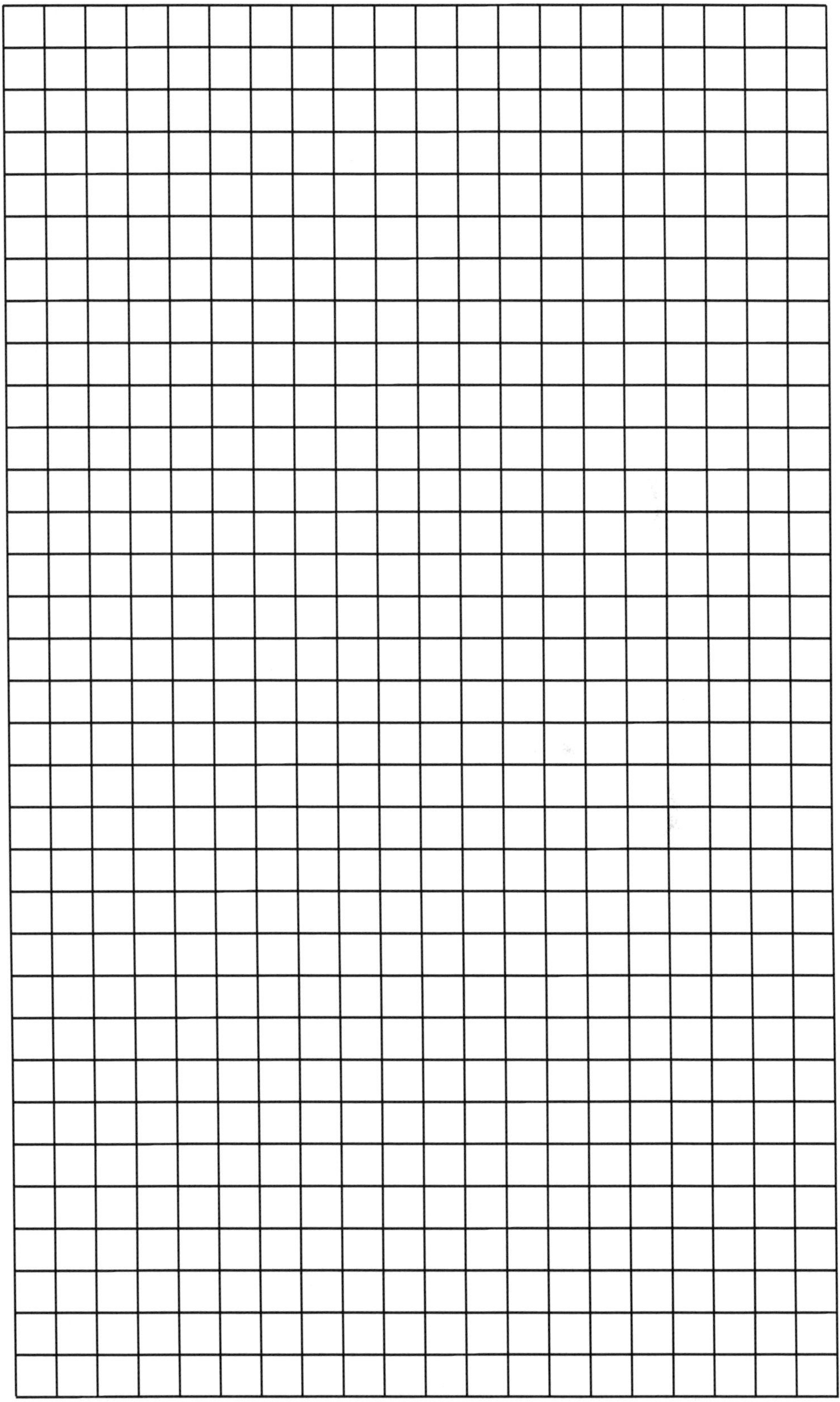

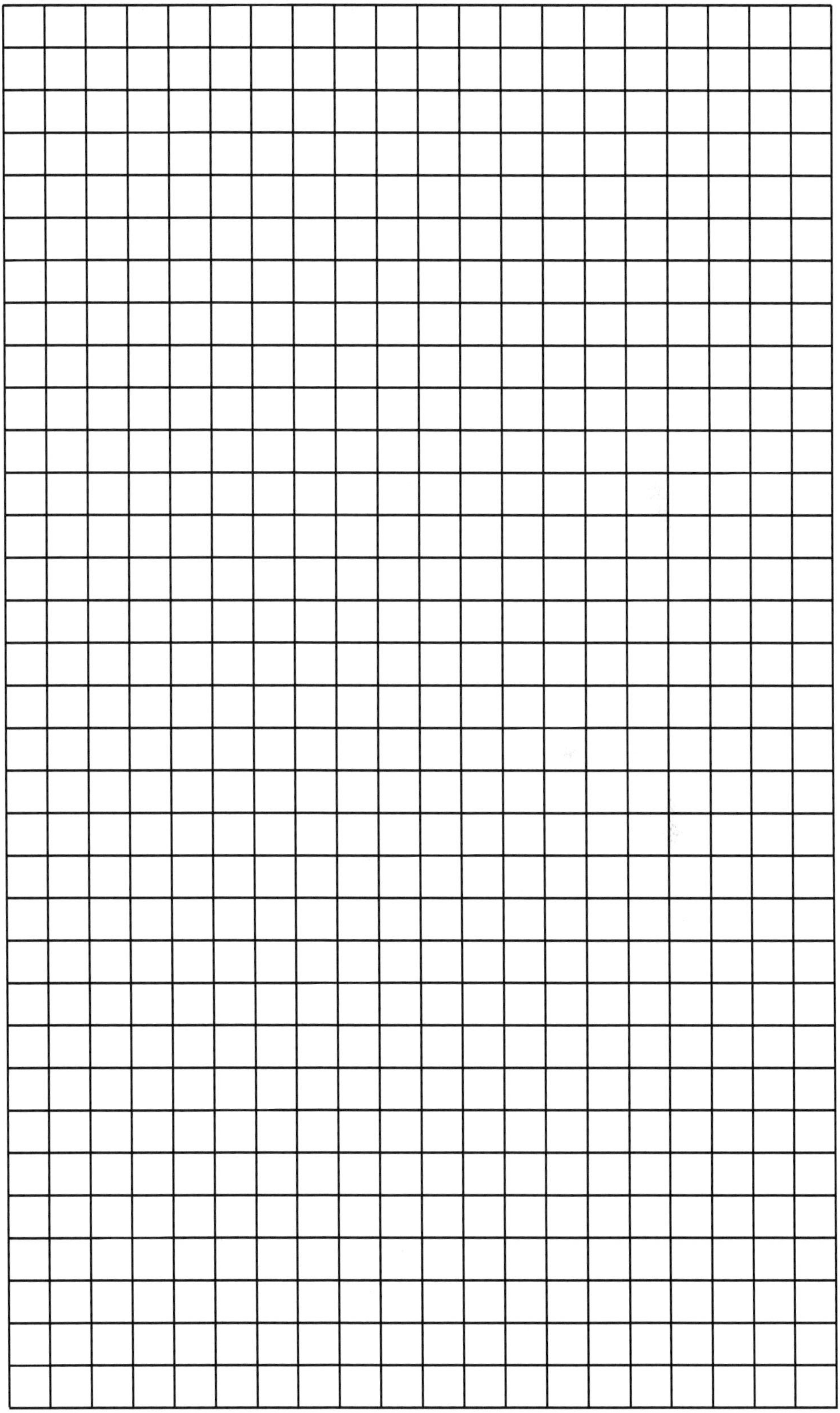

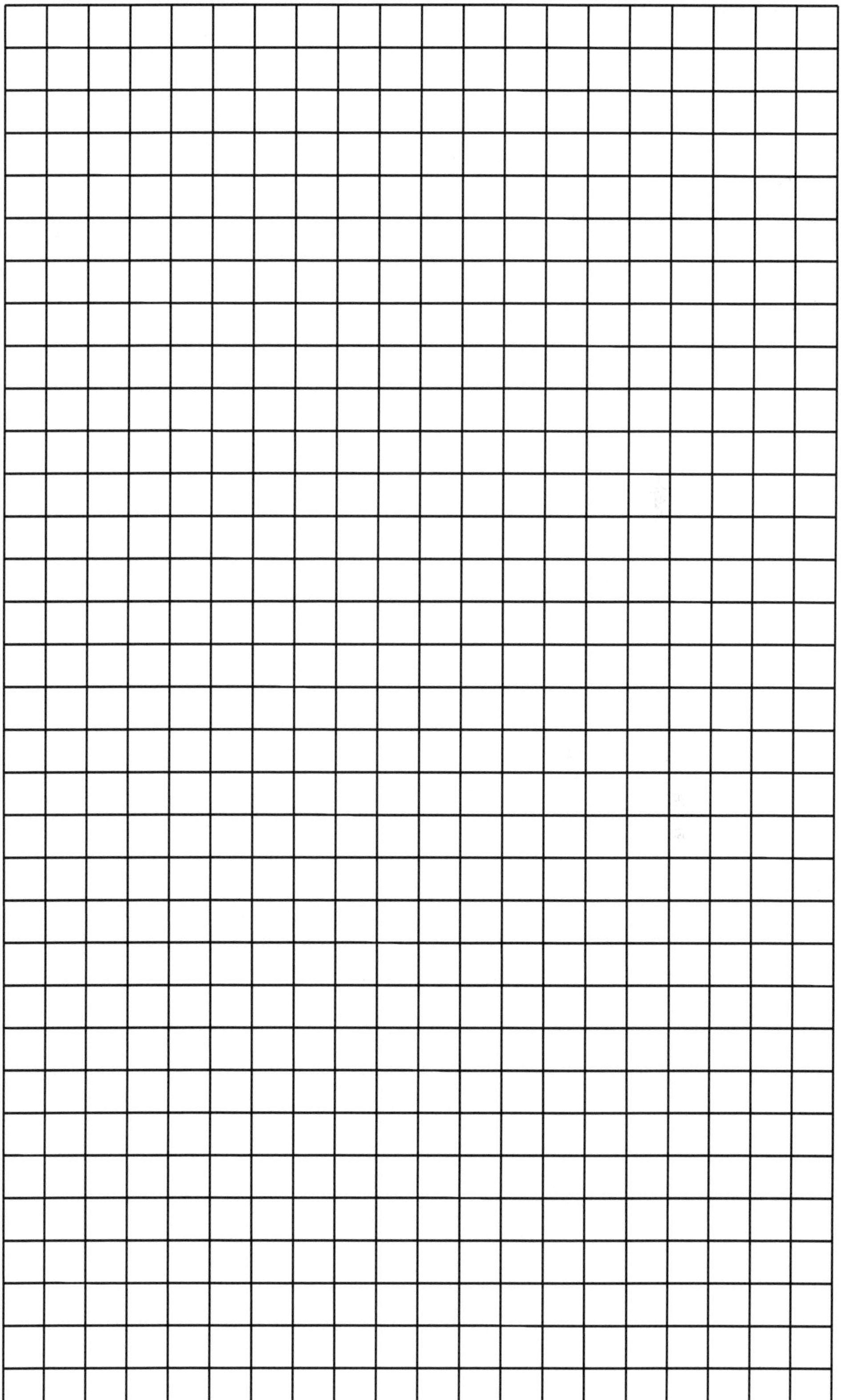

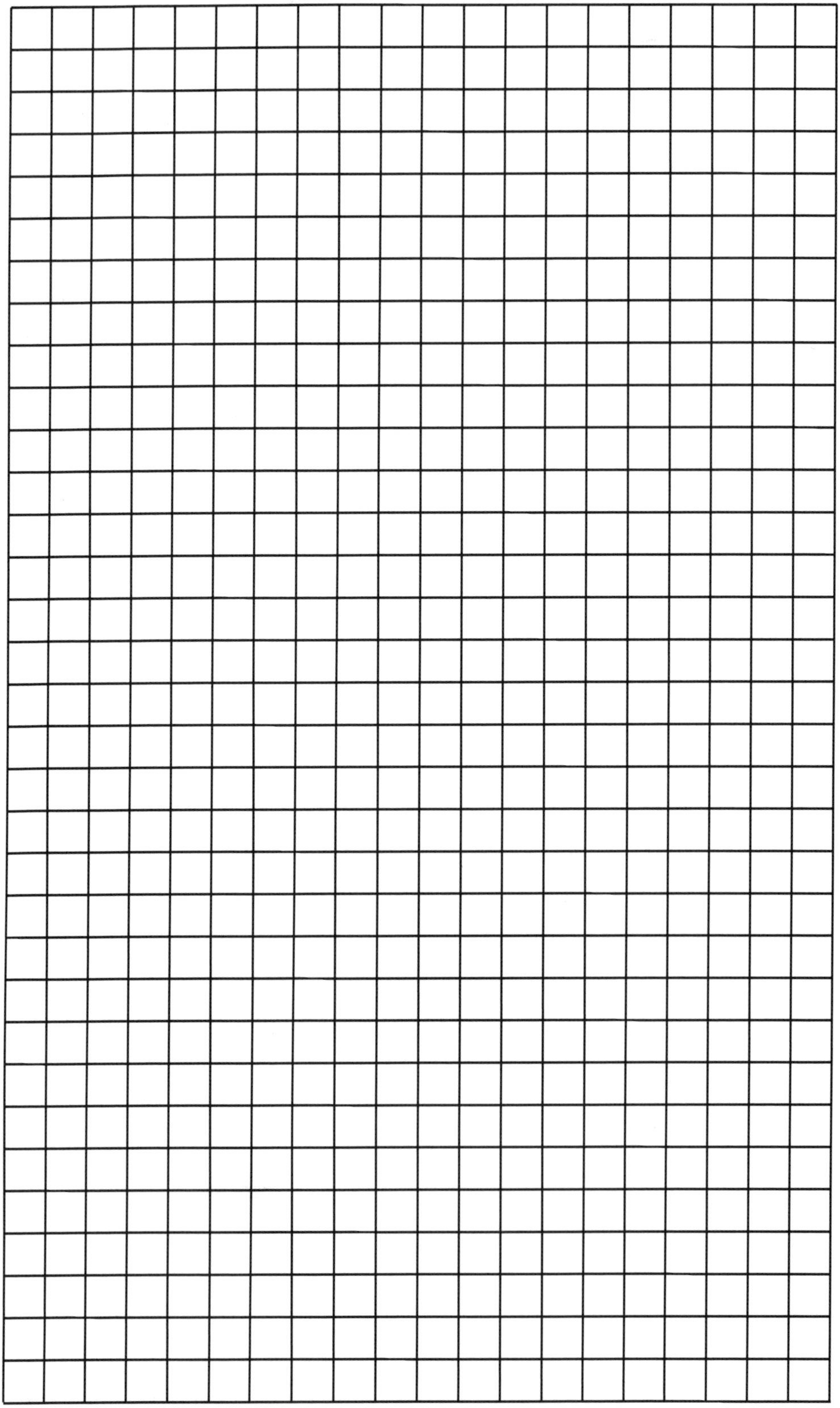

Made in the USA
Columbia, SC
14 December 2021

51454887R00067